KB190472

The Magic of Awareness

알아차림의 기적
지극히 평범한 순간의 깨달음

The Magic of Awareness

알아차림의 기적

아남 툽텐 지음

이창엽 옮김

지극히 평범한
순간의 깨달음

담앤북스

경이로움.

매일 아침 해가 떠오르는 마술을 부리는 건 누구인가?

저 새가 우아한 나무에서 노래하게 하는 건 누구인가?

숨, 맥박, 음악, 이슬, 일몰, 불타는 듯한 가을 단풍잎들.

이 모든 것에는 깊이를 헤아릴 수 없는 기쁨이 있다.

삶은 강물처럼 저절로 흐른다.

우리가 왜 여기 존재하는지 아무도 모르니

위대한 신비를 이해하려 애쓰지 말라.

식기 전에 앞에 놓인 차를 마셔라.

한 모금 한 모금 음미하라.

그리고 춤춰라.

춤추는 이가 남아 있지 않을 때까지.

그것은 춤추는 이가 없는 춤이다.

위대한 신비가들은 바로 그렇게 춤춘다.

알아차림의 기적
─── 지극히 평범한 순간의 깨달음

편집자 서문

아남 툽텐 린포체의 두 번째 책 『알아차림의 기적』은 캘리포니아 주 리치몬드에 있는 다르마타 재단(Dharmata Foundation)에서 베푼 가르침을 정리한 것입니다. 깨달음은 늘 가까이 있으므로 우리는 지극히 평범한 순간에도 깨달음을 만날 수 있다는 것이 이 책의 주제입니다. 보통 사람들도 준비만 되면 놀라운 깨달음을 지금 여기서 명확히 볼 수 있습니다. 깨달음은 특정한 문화나 종교에 국한된 것이 아니고, 모든 사람은 태어날 때부터 깨달을 수 있는 가능성을 가지고 있기 때문에, 누구나 언제든지 깨달음을 얻을 수 있습니다.

린포체의 말씀에는 놀라운 통찰과 꾸밈없는 정직함과 풍부한 유머가 담겨 있습니다. 린포체는 수행에서 얻은 경험을 바탕으로 문제의 본질을 꿰뚫어 보고 미묘하고 복잡한 점들도 알기 쉬운 언어로 명확히 밝혀 줍니다. 린포체는 본래 우리 안에 있지만 아직 드러나지 않은, 순수하고, 스스로 깨달아 있고, 얽매이지 않은 불성(佛性)으로 깨어나라고 권합니다. 그리고 진정한 깨달음이란 체험을 통해 불성과 인생의 진정한 목적을 아는 것이라고 말합니다.

우리는 과거의 이야기들이나 아직 실현되지 않은 환상에 불과한 미래의 삶 혹은 우리의 머릿속에만 있는 삶이 아닌 실제 삶을 받아들여야 한다고 린포체는 말합니다. 실제 삶은 바로 지금 여기에서 일어나고 있으며 무엇보다 풍부하고 흥미진진하다고 합니다. 우리는 그것을 온전히 얼싸안고 즐겨야 한다는 것입니다.

린포체는 진정한 사랑과 지혜와 자비의 가르침을 말과 행동으로 전하는 데 자신의 삶을 바쳐 왔습니다. 지금까지 함께 일할 수 있었고 또 이 책을 통해 린포체의 깊고 명쾌한 가르침을 보다 많은 분들에게 전할 수 있게 된 것은 제게 큰 기쁨이자 영광입니다.

샤론 로(Sharon Roe)

알아차림의 기적

01

아무도 아니기

아무도 아니기

아무도
아니기

실상에서 우리는 아무도 아니고 아무것도 가지고 있지 않습니다. 그래서 잃을 것도 없습니다. 그런데 우리의 자아는 늘 그럴듯한 사람이 되려 하고 무엇이든 소유하려 하는 습성이 있기 때문에 그 사실을 도무지 받아들일 수 없습니다. 하지만 그것은 본래 그러한 지고의 진리입니다. 우리가 그 자애롭고 비범한 진리를 인식하고 우리 자신을 내맡길 때, 우리를 얽매고 있는 모든 족쇄들이 끊어집니다.

우리 안에서 미움의 사슬, 두려움의 사슬, 믿음의 사슬, 망상의 사슬 등 수많은 족쇄들이 우리를 얽매고 있습니다. 그래서 티베트의 스승 롱첸빠(Longchenpa, 1308-1364, 티베트불교 닝마파의 수행승)는 "나쁜 관념은 쇠사슬과 같고 좋은 관념은 금사슬과 같다. 쇠사슬이든 금사슬이든 모두 우리를 속박한다."고 말했습니다. 우리 안의 족쇄들은 우리를 끊임없이 괴롭히고, 그침 없이 싸우게 하며, 때론 거짓 위안을 주기도 합니다. 그중에서 거짓 위안을 주는 관념은 금사슬처럼 그럴듯해 보입니다. 수행의 길에 들어선 사람들은 여러 신앙 체계들을 찾아다니지만, 그것은 단지 우리 마음 안에 족쇄를 하나 더 보태는 것입니다. 거기서 얻은 믿음은 금 장신구처럼 귀중해 보이지만 금사슬처럼 우리를 얽맬 뿐이며 조건 없는 자유와 행복을 줄 수 없기 때문입니다. 그래서 붓다는 모든 사람들은 귀의해서 깨달음의 길을 가야 한다고 말했습니다. '귀의한다'는 것은 거짓 위안으로 도피하기를 완전히 멈추는 것입니다. 평범한 것이든 수행을 가장한 것이든, 우리는 어떤 거짓 위안으로도 도피하지 말고 무궁무진한 자유의 근원에 전념을 기울여야 합니다. 그것은 무한, 합일, 지고의 진리이며 동시에 우리의 근본 바탕입니다.

나의 친구 하나는 이삼 년간 명상 수행을 하고 나서 다른 사람들이 알아보지 못할 정도로 자신이 완전히 변했다고 말했습니다. 매우 명랑하고 춤추는 걸 좋아하는 그녀는 자기가 춤바람 났다고 말합니다. 이따금 그녀가 아주 즐겁게 춤추는 걸 본 사람들이 다가와서 "대체 뭐 하는 분이세요?"라고 묻기도 한답니다. 아마도 그녀의 의식을 얽어맸던 족쇄가 끊어지고 있는 모양입니다.

이처럼 지고의 진리는 우리 안의 족쇄를 모두 끊어 버립니다. 우리가 아무도 아니고 아무것도 가지고 있지 않다는 지고의 진리란 그무엇에도 매이지 않은 의식 상태를 말합니다. 그것이 우리의 근본 바탕이자 본래 마음입니다. 그 실상에서 우리는 아무도 아닌 참모습 그대로이고 사라지지 않는 알아차림입니다. 그것이 있는 그대로의 우리이며 우리의 본래면목입니다. 탄트라불교에서는 우리가 어떤 존재가 되기 전의 시간을 '원초적 시간(primordial time, 本初)'이라고 합니다. 원초적 시간이란 과거, 현재, 미래로 구분될 수 없는, 본래 순수의 영원한 시간을 의미합니다. 그 영원 속에서 우리는 현재는 물론 과거나 미래에도 언제나 본래 청정한 알아차림이며, 무궁무진한 기쁨이고 더없이 존귀한 존재입니다. 그것이 우리의 참모습입니다.

인도의 한 유명한 스와미(힌두교의 수행자)가 재미있는 이야기를 들려주었습니다. 옛날에 한 제자를 둔 스승이 살고 있었습니다. 두 사람은 모두 스와미였습니다. 그 스승은 형식에 구애받지 않고 제자를 가르쳤습니다. 교재도 없었고 경전이나 주석서를 자세히 설명해 주지도 않았습니다. 대신에 몸짓을 보여 주거나 예를 들어서 가르쳤습니다. 스승은 늘 제자에게 "어떤 존재도 되지 마라. 결코 아무도 되지 마라."라고 말했습니다. 그는 그것을 여러 번 강조했고, 그때마다 제자는 스승의 가르침을 잘 알고 있다고 대답했습니다. 어느 날 그들은 순례를 떠났습니다. 오랜 여행을 하느라 녹초가 되었을 때 그들은 마침 한 궁전의 정원에 있는 방갈로들을 발견했습니다. 스승은 가장 가까운 방갈로에 들어가자마자 잠에 곯아떨어졌고, 제자도 다른 방갈로에 들어가서 푹 잠들어 버렸습니다. 그런데 그들이 곤히 잠든 지 얼마 후에 왕이 신하들을 이끌고 그곳에 왔습니다. 낯선 사람들이 허락도 없이 자신의 방갈로를 차지하고 잠들어 있는 것을 본 왕은 크게 화가 났습니다. 왕은 먼저 제자에게 가서 큰 소리로 물었습니다. "네 놈은 누구냐?" 깜짝 놀라 잠이 깬 제자는 노기등등한 왕의 얼굴을 보았습니다. 잔뜩 겁을 먹은 그는 "나는 스와미입니다."라고 대답했습니다. 그러자 왕은 "미친 스와미로구나!" 하고 호통을 치고는 채찍을 들어 제자를 때리고 밖으로 쫓아냈습니다. 이어서 왕은 다른 방갈로에서 잠들어 있는 스승을 발견하고 또 크게 화가 나서 물었습니다. "너는 또 누구냐?" 하지만 스승은 그저 "음……." 소리를 낼 뿐 대답하지 않았습니다. 그러자 왕이 다시 소리쳤습니다. "네 놈이 누구냐고 물었다!" 이번에도 스승은 "음……." 하는 소리만 내고 아무 말도 하지 않았습니다. 그러자 왕이 명령했습니다. "얼빠진 놈이군. 이 바보를 쫓아내라." 마침내 스승과 제자가 다시 만났을 때, 왕에게 매질을 당한 제자는 온몸이 아파서 끙끙 앓고 있었습니다. 그런 제자의 모습을 보고 스승이 말했습니다. "내가 늘 아무도 되지 말라고 이르지 않았느냐. 내 말을 명심하지 않아서 어떻게 되었는지 네 꼴을 좀 보아라. 아무도 되지 않은 나는 이렇게 멀쩡하지 않느냐. 하지만 너는 어떤 존재가 되었지. 너는 왕의 방갈로에서 스와미가 되었기 때문에 매를 맞은 게야."

바로 이것이 문제입니다. 우리는 모두 본래 순수의 시기를 지나면 어떤 존재가 됩니다. 그것은 우리가 유한한 실체가 되는 것이고 마치 만물의 일체성과 근원에서 분리된 것처럼 구는 것입니다. 우리가 본래면목의 존귀함으로부터 타락한 척하는 것입니다. 이때 우리는 자신이 단지 어떤 역할을 하는 사람에 불과하다고 여깁니다. 자신이 그저 남자나 여자, 교사나 학생, 정치가, 택시기사, 착한 사람이나 나쁜 사람, 배운 사람, 부자나 가난한 사람일 뿐이라고 생각하는 것입니다. 이런 가면들이 우리의 참모습인 줄 알 때 그침 없는 투쟁이 일어납니다. 이는 헤아릴 수 없이 넓은 바다가 자신의 참모습을 잊고 자신이 작은 물방울에 불과하다고 믿는 것이나 마찬가지입니다. 바로 이런 일이 우리의 의식에서 일어나서 우리로 하여금 끊임없이 투쟁하게 만드는 것입니다.

그러므로 바로 지금 이 순간에도 '우리는 아무도 아니고 아무것도 가지고 있지 않다'는 것은 어떤 의식 상태일 뿐만 아니라 실상이기도 합니다. 언뜻 그것은 최악의 상태인 것처럼 보이지만, 실은 우리가 직접 볼 수 있는 가장 아름다운 진리입니다. 다시 말하지만 그것은 영원이자 본래 순수입니다. 우리가 애써 수행하는 목적은 여기 아닌 다른 곳으로 가려는 것도 아니고 어떤 근원적 신에게로 돌아가려는 것도 아닙니다. 그와 달리 수행의 목적은 바로 이 자리에 이르는 것입니다. 다시 말해서 우리 존재의 본질에 이르는 것이고 우리가 아무도 아니고 아무것도 가지고 있지 않다는 지고의 진리, 놀라운 실상을 아는 것입니다.

사실 우리가 소유하고 있다고 생각하는 것들은 모두 허상일 뿐입니다. 겉으로 보면 우리는 많은 걸 가지고 있습니다. 물질세계에서 수많은 도구들과 장난감들을 가지고 있고, 의식세계에서도 신념 체계, 개념, 관념, 죄, 부끄러움, 긍지, 자만심 등 많은 걸 가지고 있습니다. 하지만 그런 소유물들은 본래 순수의 영역에는 존재하지 않습니다. 오직 망상의 세계나 자아의 세계 혹은 윤회 의식의 세계에만 있을 뿐입니다. 그렇다고 그것을 모두 창밖으로 던져버려야 한다는 건 아닙니다. 또 우리가 어떤 역할도 해서는 안 된다는 의미도 아닙니다. 당연히 우리는 남자나 여자 혹은 선생님이나 학생의 역할을 하면서 살아갑니다. 우리의 의식이 생명 혹은 육신이라는 놀라운 형태를 유지하려면 그런 역할이 필요하기 때문입니다.

그러므로 우리 모두에게는 '나는 아무도 아니다'라는 의식이 있습니다. 그때 우리는 미국인도 아니고 유럽인이나 티베트인 혹은 중국인도 아닙니다. 말 그대로 '아무도 아닌' 의식을 우리의 내면에서 발견할 수 있습니다. 그것은 우리가 이번 생에서 하고 있는 역할이나 페르소나(가면과 같이 겉으로 드러난 정체성)를 넘어선 것입니다. 우리가 하는 역할과 페르소나는 우리의 자아를 이루고 자아의 삶과 에너지가 됩니다. 따라서 우리의 몸은 남자나 여자이지만 우리의 의식은 남자도 여자도 아닙니다. 그렇다고 몸과 마음의 이원론을 말하는 게 아니라, 단지 우리의 참모습이란 우리가 세상에서 하는 역할과는 전혀 다르다는 의미입니다. 우리는 남자의 역할을 하거나 여자의 역할을 합니다. 또 때로는 교사이고 때로는 학생으로서 매일 다른 역할을 하며 살고 있습니다.

몸을 가지고 사는 일시적이고 덧없지만 놀랍고도 아름다우며 섬세한 삶 속에서 그런 역할을 할 때 우리는 대개 자신이 맡고 있는 형상에 골몰하고 있는 것입니다. 반면에 명상할 때 우리는 마음을 활짝 열고 신앙 체계나 추정과 편견은 물론 실상에 대한 관념까지 모두 내려놓습니다. 이렇게 우리가 머리로 생각하는 것을 모두 내려놓고 아무것도 하지 않고 여기 아닌 어디로도 가지 않을 때, 기적이 일어납니다. 그 기적은 우리의 참모습을 직접 만나는 것이고, 붓다가 말한 한없고 형상 없고 아무도 아닌 의식을 직접 만나는 것입니다. 그게 전부입니다. 그것이 곧 붓다이고, 알아차림이고, 순수의식이며, 실제로 우리가 모든 이들과 합일되는 체험입니다. 우리는 열반과 하나이고 윤회와도 하나입니다. 또 우리는 땅과 하나이며 하늘과도 하나입니다.

이렇게 누군가가 되기 전의 의식, 유한한 존재가 되기 전의 의식은 설명하기 어렵습니다. 그것은 어떤 사물이 아니고, 믿기 어렵고 신뢰하기도 어려운 진리이기 때문입니다. 이런 의식에 대한 밀접한 비유이자 과학적 증거라고도 할 수 있는 것을 우리 주변에서 찾아보자면 갓난아기의 존재를 말할 수 있습니다. 갓난아기의 얼굴에서 무엇을 볼 수 있습니까? 바로 순진무구함입니다. 병원의 신생아실 앞에는 유리창 너머에 있는 잠든 아기들을 골똘히 바라보고 있는 사람들이 있습니다. 그들은 갓난아기들의 완전함을 바라보면서 불현듯 깨달음을 경험하고 있는 것입니다. 그때 그들은 자신이 누구인지를 잊고 있습니다. 걱정거리도 미워하는 사람도 안중에 없습니다. 통장에 돈이 얼마나 남아 있는지, 누가 친구이고 누가 적인지도 마음속에 떠올리지 않습니다. 거기 있는 사람들은 모두 시간 가는 줄 모르고 아기들을 바라보면서 깨달음을 경험하고 있는 것입니다.

문득 우리 내면의 비범하고 영원한 차원을 깨닫는 일은 여러 가지 방식으로 일어날 수 있습니다. 때론 아주 사소한 일도 깨달음을 일으킬 수 있습니다. 간혹 사람들이 갓난아기들을 볼 때 말로 표현하기 어려운 평온과 경이를 느끼는 까닭은 아기들의 티 없는 순수함 때문입니다. 우리는 갓난아기들의 순진무구함에 끌리고 영감을 받는 것입니다. 그 순진무구함 속에 어떤 판단이 있습니까? 갓난아기의 순수함이 우리를 판단할까요? 또는 우리가 그 순수함을 판단합니까? 물론 아닙니다. 순진무구함에는 아무런 판단이 없습니다. 우리는 아기들이 유럽인인지 티베트인인지 또는 흑인인지 백인인지 상관하지 않습니다. 갓난아기들에게는 관념이 없고 오직 순수 알아차림과 순진무구함만 있기 때문입니다.

모든 사람에게는 갓난아기와 같은 순수한 참본성이 있습니다. 참본성에서 우리는 아무도 아닙니다. 우리는 제한된 존재가 아니고 더 이상 희망이나 절망의 족쇄에 매여 있지도 않습니다. 우리는 원인과 조건에 상관없이 자애롭고 자비로우며 전혀 두려움이 없습니다. 바로 그것이 붓다와 여러 전통의 지혜로운 스승들이 한결같이 말하는 진리입니다. 또 그것이 바로 우리가 수행을 통해 도달하려는 목표입니다. 그리고 우리는 바로 지금, 바로 이 평범한 순간, 바로 이 자리에서 그 목표에 이를 수 있습니다.

스승들은 항상 우리에게 마음을 활짝 열고, 기도하고, 좌선하고, 관념이나 개념이 아닌 순수한 진리를 나타내는 가르침에 귀 기울이라고 말합니다. 우리가 그런 가르침을 귀로 들을 뿐만 아니라 마음으로도 받아들일 수 있다면 머지않아 기적이 일어날 수 있을 것입니다. 거기에 우리가 가야 할 길이 있고, 그것은 사실 즐거운 길입니다. 그 길이란 우리가 인생에서 어떤 역할을 하든지 우리는 본래 순수의식임을 잊지 않는 것입니다. 그러면 우리는 부드럽고 친절하고 즐겁게 그 역할을 할 수 있으므로, 어디에서나 평화와 자애로움을 주변에 퍼뜨리게 됩니다.

알아차림의 기적

02

의식 뒤집기

의식
뒤집기

불교 경전에는 붓다가 마침내 깨달았을 때 온 땅이 흔들리고 천상의 신들이 나타나서 축하해 주었다는 이야기가 나옵니다. 그 기이한 사건들은 깨달음이란 기적과 같다는 것을 말해 주는 비유입니다. 정말로 깨달음은 기적 중의 기적입니다. 물론 오로라나 눈앞에서 꽃이 활짝 피는 것을 보는 것도 기적이듯이 우리 삶은 기적으로 가득하지만, 그중 가장 큰 기적은 깨달음입니다. 왜냐하면 깨달음은 우리로 하여금 '매인 마음'에는 낯설게만 느껴지는 새로운 현실을 직접 볼 수 있게 해 주기 때문입니다. 우리의 매인 마음은 대개 슬픔의 세계나 개념·관념의 세계에 익숙한 반면에, 깨달음이란 모든 한계를 벗어난 세계이고 사랑과 기쁨과 지혜로 가득한 세계입니다.

깨달음이란 누구나 직접 경험할 수 있는 통찰입니다. 그것은 매인 마음이 녹아 버리고 우리가 갑자기 전혀 새로운 현실로 들어갈 때 드러납니다. 그런데 이전의 마음자리에서 이렇게 전혀 새로운 마음자리로 바뀌는 건 순식간입니다. 그런 점에서 그것은 동전 뒤집기와 비슷한 '의식 뒤집기'라고 말할 수 있습니다. 동전 뒤집기를 하면 동전을 쉽사리 반대 면으로 뒤집을 수 있으므로 어떤 노력도 정신적인 과정도 필요 없습니다. 물론 시간도 오래 걸리지 않습니다. 이렇게 동전을 뒤집듯이 우리의 의식을 뒤집을 수 있습니다. 그리고 매인 마음 상태인 의식을 뒤집었을 때 나오는 반대 면이 곧 깨달음입니다. 사실 의식 상태는 단 두 가지만 있을 뿐 다른 상태는 없습니다. 하나는 깨달은 의식 상태이고 다른 하나는 깨닫지 못한 의식 상태입니다. 따라서 우리의 의식 상태는 망상에 사로잡혀 있든지 완전히 깨달았든지 둘 중 하나인 것입니다. 그 중간인 의식 상태는 없습니다.

깨닫지 못한 의식이라고 해서 언제나 끔찍하고 슬프고 고통스럽기만 한 건 아닙니다. 사실 깨닫지 못한 의식일지라도 간혹 그런 대로 유익하기도 하고 매우 매력적인 경우도 있습니다. 이를테면 마음이 잘 통하는 사람과 사랑에 빠지는 건 정말 황홀합니다. 그래서 사람들은 낭만적 사랑을 갈망합니다. 지금 낭만적 사랑을 하고 있는 사람이라면 자신의 연인이 모든 면에서 완벽해 보일 것입니다. 그게 전혀 사실이 아닐지라도 사랑에 빠진 사람에겐 모든 게 마술처럼 멋지게 보입니다. 사실 그런 경험은 망상에 빠진 의식에서 일어나는 것일 뿐이지만, 우리는 그것이 사실이 아니라고는 전혀 의심하지 않습니다. 나중에 모든 게 허물어지고 나서야 우리는 어떻게 그런 경험을 할 수 있었는지 의아해 할 뿐입니다. 그러므로 우리는 계속 망상 속에서 즐길 수 있다고 생각하지만, 그런 망상은 결국 실망으로 끝나게 됩니다.

따라서 진정한 행복을 얻기 위해서는 깨닫지 못한 의식에서 깨어나야만 합니다. 그리고 깨달음은 바로 이 자리에서 일어날 수 있습니다. 사실 깨달음은 바로 여기 아닌 다른 어디서도 일어날 수 없습니다. 즉시 우리의 의식을 뒤집어서 느닷없이 깨달음이 일어나게 할수 있는 두 가지 길이 있습니다. 하나는 우리의 의식이 지어내는 모든 것을 즉시 놓아 버리는 것입니다. 우리는 생각이 지어낸 허구의이야기들을 없앨 수 있고, 그럼으로써 고통과 집착, 착각, 강박이 일으키는 괴로움을 떨칠 수 있습니다. 단지 우리가 그것을 모두 놓아버릴 수 있으면 깨달음이 일어날 것입니다. 또 하나는 매 순간마다우리가 새롭게 태어난다는 사실을 기억하는 것입니다. 우리는 지금이 순간 새로 태어나서 경이로움이 가득한 새로운 삶을 시작할 수있습니다. 또 애초부터 내가 아니었던 것처럼 과거의 나와 깨끗이단절할 수 있습니다. 그러면 과거의 나에 대해서, 마치 오래전에 알았지만 요즘은 전혀 만나지 못한 사람인 것처럼 말할 수 있습니다.이렇게 과거의 자아가 죽을 때 우리는 처음 세상에 태어날 때처럼티 없이 순수하고 아무런 잘못도 없는 상태로 내면에서 새로 태어날수 있습니다. 그래서 선불교에는 "수행자는 언젠가 명상하는 자리에서 죽어야만 한다."는 말이 전해집니다.

　인생에서 처음으로 우리가 바로 지금 이 순간 새로 태어나는 것을 진실로 깨닫는 일은 매우 아름답습니다. 우리는 아기들의 얼굴을 볼 때 종종 영감을 얻고 희망을 느낄 수 있습니다. 아기들의 삶은 가능성과 잠재력이 풍부하기 때문입니다. 반면에 우리가 어느 정도 나이를 먹으면 자신의 인생에 더 이상 가능성이 없다고 생각하는 경우도 있습니다. 마치 이미 삶을 다 산 것처럼 느끼는 것입니다. 우리는 벌써 인생의 절반을 살았다거나 이미 인생의 종착점에 이르렀다고 생각합니다. 그래서 남은 가능성이 별로 없기 때문에 중년의 위기를 겪는 것인지도 모릅니다. 우리는 살아오면서 여러 가지 실수를 했고 완전해질 가능성은 거의 없다고 생각합니다. 하지만 그것은 언제든 일어날 수 있는 큰 기적을 회피하기 위해서 자아가 자신을 방어하는 것일 뿐입니다. "나는 이미 너무 늦었어." 우리는 이렇게 말하곤 합니다. 그러나 깨달음은 어느 누구에게도 너무 늦은 법이란 없습니다. 왜냐하면 깨달음은 많은 노력이나 준비를 한다고 해서 성취할 수 있는 것이 아니기 때문입니다. 특별한 기술이 필요하지도 않습니다. 결국 깨달음을 얻기 위해 필요한 것은 아무것도 없습니다.

우리가 마음을 활짝 열 때 실제로 깨달음이 일어날 수 있습니다. 마음을 활짝 연다는 것은 전혀 관념적이지 않고 아름다운 표현입니다. 그래서 지적인 생각으로는 그 의미를 이해할 수 없습니다. 우리는 일상생활에서 사물을 파악할 때 사용하는 합리적이고 개념적인 지성으로 간혹 진리까지 이해하려고 합니다. 공(空)이나 합일(合一) 같은 것을 이성적으로 이해하려고 애쓰는 것입니다. 하지만 마음을 활짝 여는 건 머리로 이해할 수 있는 과정이 아니기 때문에 이성적·합리적 의식으로는 그 경험을 이해할 수 없습니다. 따라서 우리가 마음을 활짝 여는 것을 경험할 수 있으려면 머리로 생각하는 것을 뛰어넘어야만 합니다.

물론 생각할 수 있는 능력은 우리에게 주어진 매우 유용한 재능입니다. 그러므로 우리는 그것에 감사해야 하지만, 생각만으로는 아무리 노력해도 파악할 수 없는 전혀 다른 차원의 실상이 있습니다. 그래서 티베트불교의 뛰어난 스승인 라마 미팜(Lama Mipham, 1846-1912)은 이렇게 말했습니다. "내 머리가 늘 무언가를 생각하면서 진리를 찾아다니고 있기 때문에 나는 녹초가 되어 버린다." 이 말은 머리로 생각하는 것만으로는 궁극적 진리를 깨달을 수 없다는 사실을 생생하게 보여 줍니다. "아무리 모래를 쥐어짜도 버터를 만들 수는 없다."는 비유도 있습니다. 그런데 어떤 사람들은 해변에서 모래를 쥐어짜면서 몇 년씩 보내기도 합니다. 무얼 하느냐고 물으면, 그들은 버터를 얻으려고 모래를 쥐어짜고 있다고 대답합니다. 하지만 실령 수천 년 동안 모래를 쥐어짠다 해도 당연히 버터는 나오지 않습니다. 그와 마찬가지로 애초에 잘못된 도구인 생각만으로는 아무리 노력해도 궁극적 진리를 알 수 없습니다.

그렇지만 우리는 언제나 생각을 통해 그 너머에 있는 것을 파악하려고 애쓰고 있습니다. 그지없는 사랑, 불성, 궁극적 내맡김, 자아의 죽음 등은 모두 우리의 생각을 넘어선 것입니다. 만약 어떤 이론을 배워서 지고의 진리를 찾으려 한다면, 우리는 이성적인 생각을 통해 그 너머의 것을 찾고 있는 것입니다. 그러면 모래를 쥐어짜서 버터를 얻으려 할 때와 마찬가지로 결국 우리는 아무것도 얻지 못한 채 녹초가 되어 버릴 것입니다.

마음을 활짝 열기는 머리로 생각하는 것과는 전혀 다릅니다. 그것은 생각하거나 전략을 짜는 게 아니라 마치 꽁꽁 얼어붙은 우리의 내면을 녹이는 것과 같습니다. 궁극적 의미에서 마음을 여는 건 아무것도 원하지 않는 것입니다. 그것은 야망이 아니라 인간의 마음 중 가장 용감한 면이 나타난 것입니다. 마음을 활짝 열기는 우리의 자아가 더 이상 자신을 방어하지 않게 되는 것입니다. 간혹 마음을 열기가 어려울 때가 있습니다. 그때는 우리의 내면에서 무엇이 가로막고 있는지 살펴보아야 합니다. 마음을 활짝 열지 못하게 막는 것은 의심, 두려움, 저항 등인데, 그것들은 대개 우리가 그것을 알아보는 순간 사라져 버립니다. 도둑들이 일굴에 불빛이 비치면 도망가듯이 우리의 마음을 열지 못하게 방해하는 것들도 알아차리기 힘든 어둠 속에 있을 때만 힘을 발휘할 수 있기 때문입니다. 티베트의 성인 마칙 랍된(Machik Labdron, 1031-1129)은 이러한 내면의 장애를 극복하는 가장 효과적인 방법은 그것을 귀한 손님처럼 대하는 것이라고 가르쳤습니다. 장애를 집으로 초대해서 대접하면 그것은 곧 떠나게 됩니다. 이것은 마음을 활짝 여는 걸 방해하는 장애들이 있음을 알아차림에 의해 인식하는 것입니다.

마음을 활짝 여는 경험을 가장 잘 나타내는 말은 '귀의(devotion)'입니다. 불교 스승인 아상가(Asanga, 300-390?, 무착無着)는 귀의를 통해서만 진리를 깨달을 수 있다고 말했습니다. 그가 말하는 귀의는 생각의 투사나 허상에 의한 관념적 귀의가 아니라 깨달은 귀의입니다. '깨달은 귀의'란 사실 사랑이며 일종의 신뢰입니다. 그것은 대상이 없는 사랑이자 신뢰입니다. 우리는 방어적 태도를 잃어버릴수록 그만큼 더 사랑, 용기, 신뢰, 법열(法悅)에 가까워질 수 있습니다. 그러므로 방어적 태도를 하나도 남김없이 잃어버려야만 합니다.

방어적 태도란 관념적 의식으로 깨달음을 파악하려고 하는 것입니다. 마치 새 차를 사거나 여러 물건들을 가지기 원하는 것처럼 깨달음을 얻으려고 하는 생각입니다. 관념적 의식으로 깨달음을 얻기를 바라는 것은 사실 깨달음 자체를 회피하려는 방어적 태도입니다. 반면에 마음을 활짝 열면 우리는 방어적 태도, 두려움, 불안, 욕구, 갈망 그리고 개념화하기 등을 모두 잃게 됩니다. 그때 우리는 아무런 집착도 없고 지나온 세월도 없이 바로 지금 이 순간 다시 태어나는 것처럼 순수합니다. 또 모든 것으로부터 자유롭고 다시 갓난아기처럼 순진무구해집니다. 아기들의 마음은 개념이나 관념에 매이지 않고 두려움도 술책도 없습니다. 단지 순수한 신뢰와 사랑일 뿐입니다. 아기들의 마음은 완전히 개념을 떠나 있기에 말로 설명하기 어려울 정도로 생생합니다.

마음을 활짝 여는 것의 진정한 의미는 무언가를 잃는 걸 더 이상 두려워하지 않는 것입니다. 그것은 대상이 없는 내맡김이며, 무언가에 굴복하는 것과는 다릅니다. 우리는 희망도 두려움도 내맡기고, 고통을 지어낸 후 다시 거기서 벗어나려는 헛된 노력도 그만둡니다. 그런 내맡김의 끝에 이르면 우리는 아무것도 움켜쥐고 있으려 하지 않을 것입니다. 그때 일어나는 일은 애써 노력하지 않아도 갑자기 드넓은 기쁨의 의식이 열리는 것입니다. 내맡김은 눈 깜박하는 순간에 일어날 수 있습니다. 그야말로 바로 여기서 의식을 뒤집어 반대면이 나오게 하는 것과 같습니다. 위축된 의식 상태에서 광활한 의식 상태로 기적적으로 탈바꿈하는 것입니다. 일반적으로 '내맡김'이라는 말에는 약함과 패배라는 의미가 있습니다. 전투에서 적에게 항복해서 우리를 내맡기는 건 우리가 패배했음을 인정하는 것입니다.

하지만 깨달음의 측면에서 말하는 내맡김은 지혜와 승리를 나타냅니다. 단지 내면에 갈등의 벽을 쌓기를 중단하고 모든 것을 놓아 둔 채 쉬는 것입니다. 이렇게 우리가 모든 것을 있는 그대로 받아들 이면 존재하는 모든 것은 불완전한 그대로 완전합니다. 앞서 우리의 의식은 깨달은 상태 아니면 망상의 상태, 둘 중의 하나라고 말했습니다. 그것은 동전의 양면과 같습니다. 그러므로 동전 뒤집기나 텔레비전 채널 돌리기처럼 쉽게 의식을 뒤집을 수 있습니다. 그것은 단 한 순간에 일어나고 특별한 기술도 필요 없습니다. 오랫동안 준비할 필요도 없습니다. 우리는 그저 숨을 내쉬면서 동시에 우리가 심각하게 여기던 모든 구구절절한 사연들을 놓아 버릴 수 있습니다.

이것을 가리킬 때 훌륭한 수행 지도자인 나의 친구는 '열 식히기 (chill out)'라는 말을 씁니다. 그 말은 너무 단순해 보이지만 바로 그것이 우리에게 필요한 것입니다. 깨달음의 세계에 들어가기 위해서 특별한 수행을 하거나 자못 심각해야 할 필요는 전혀 없습니다. 무언가를 준비해야 하는 것도 아닙니다. 단지 잔뜩 힘이 들어간 어깨를 풀어 주고 모든 것을 놓아 버리면 됩니다. 고귀한 편안함 속에서 방어적 태도를 잃어버리고 아무런 소용없는 전략도 잊어버립니다. 단지 모든 걸 놓아 버리는 순간 우리는 불현듯 새로워짐을 느낄 수 있습니다. 삶을 불평하고 깨달음을 얻으려고 애쓰던 과거의 나는 이제 없는 것입니다.

강한 의지를 가지고 생각을 놓아 버리면 동전이 뒤집히듯이 우리의 의식이 변하는 걸 직접 볼 수 있습니다. 또한 들숨과 날숨, 개가 짖는 소리, 의자의 고요함 등 주변에 있는 단순한 사물이나 사건에 주의를 집중해도 의식의 변화가 일어날 수 있습니다. 언제나 전 우주가 우리에게 수많은 기회를 주고 있음을 잊지 말아야 합니다. 그저 우리가 모든 것을 잃으면, 불현듯 우리가 새로운 의식의 차원에 있음을 알게 됩니다. 그때 우리는 기쁨과 사랑, 행복, 신뢰의 바탕 위에서 춤출 수 있습니다.

의식을 뒤집는 경험을 할 수 있는 방법은 이처럼 단순하기는 하지만 또한 즉각 효과가 나타나야 합니다. 방법이 너무 복잡하면 우리가 온갖 얽매임에서 해방되기도 전에 그 방법을 실행하느라 온정신을 빼앗길 위험이 있기 때문입니다. 엄격한 스승이었던 틸로빠(Tilopa, 988-1069, 나로빠의 스승이며 인도의 성자 84인 중 한 분으로 티베트에 불법을 전했다. 티베트불교의 초조로 숭앙받고 있다.)는 이렇게 말했습니다. "마음으로 마음을 살펴보라. 그러면 모든 관념이 멈추고 마음의 본성을 볼 수 있을 것이다." 이처럼 틸로빠가 가르친 방법은 또한 많은 불교 스승들의 교조적이지 않은 가르침의 핵심이기도 합니다. 다시 말해서 만약 우리가 습성을 지속하려는 마음을 잠깐이라도 멈출 수 있다면 그 순간 더없는 자유를 체험할 수 있다는 것입니다. 다른 어떤 것도 더 필요 없이 단지 우리의 마음을 살펴봄으로써 우리 마음의 습성이 멈추게 됩니다. 거기에는 어떤 비밀스런 의미도 없습니다. 단지 한순간에 생생한 알아차림 속으로 들어가는 것입니다. 마음으로 마음을 살펴보는 것은 곧 혼란한 의식을 뒤집어 명확한 의식이 드러나게 하는 방법입니다.

우리 의식의 한쪽은 이미 깨달아 있습니다. 그래서 불교에서는 깨달음에 이르는 것을 단지 '건너편으로 가기'라고 말합니다. 그리고 건너편은 그리 멀지 않습니다. 그러므로 우리는 순식간에 괴로움의 바다를 건너서 자유의 땅에 닿을 수 있습니다.

우리의 참본성으로 깨어나기

우리의
참본성으로
깨어나기

불교의 주요 가르침 중 하나는 우리 마음의 본성은 본래 순수하고 때 묻지 않았다는 것입니다. 우리의 마음은 이미 깨달은 마음입니다. 그러한 우리의 본성을 '청정심(luminous mind, 淸淨心)'이라고 합니다. 청정심은 항상 우리의 안에 있으며 소멸될 수 없는 우리의 참모습입니다. 하지만 그것은 성스러운 대상이나 거창하고 신비로운 실체가 아닙니다. 그렇게 관념적으로 청정심을 즐기는 걸 멈추면 즉시 그것을 발견할 수 있습니다. 아마도 그런 이유 때문에 붓다는 부정의 언어를 사용해서 진리를 설명했을 것입니다. 그리고 같은 이유로 진리는 너무 미묘해서 가르치기 어렵다고 말했습니다. 오늘날까지도 인간의 마음은 종종 미묘하고 심오한 것을 이해하지 못하고, 반면에 거친 것에 더 끌리는 성향이 있습니다. 그래서 인간의 마음은 더 고차원의 실상을 깊이 생각할 때도 신앙과 이미지를 통해 그것을 파악하려 합니다. 그런 면에서 '청정심'은 매우 미묘합니다. 이론을 제시하거나 단순히 믿는 것만으로는 결코 청정심을 알아차릴 수 없기 때문입니다. 반면에 우리가 청정심을 받아들이면 곧 그것을 자각할 수 있습니다.

많은 수행자들은 우리의 외부에 있다고 믿는 것을 찾고 있습니다. 하지만 궁극적으로 우리가 찾고 있는 불성은 새로 생기는 것이 아니고, 무엇에도 얽매이지 않고, 이미 스스로 깨달아 있습니다. 그리고 불성은 이미 우리 안에 있습니다. 순수하고 때 묻지 않은 마음인 불성은 모든 사람의 마음의 흐름 속에 있습니다. 체험을 통해 이러한 불성을 아는 것이 진정한 깨달음입니다. 마음은 오직 하나이지만 마음의 상태는 두 가지입니다. 즉 '매인 마음'과 '매이지 않은 마음'입니다. 우리는 거의 항상 매인 마음으로 살고 있습니다. 하지만 우리는 명상을 통해 매이지 않은 마음인 청정심을 알아차릴 수 있습니다. 명상을 하는 이유 중 하나는 우리가 대부분의 시간을 매인 마음 안에서 살고 있음을 알아차리려는 것입니다. 그 다음에는 매인 마음으로부터 벗어나 자유롭고 매이지 않은 마음으로 옮겨가는 법을 알아야 합니다. 바로 그것이 진정한 명상 수행입니다.

우리의 마음은 의식, 존재감, 삶의 인식 등으로 이루어져 있습니다. 마음은 생각하고, 분석하고, 분별하고, 판단하고, 경험하는 놀라운 능력이 있습니다. 그런데 우리의 마음을 살펴보면, 우리가 대부분의 시간을 매인 마음 안에서 살고 있음을 알 수 있습니다. '매인 마음'에 해당하는 티베트 말은 일시적인 것, 본래 존재의 근거에 속하지 않는 것이라는 의미를 가지고 있습니다. 그러므로 매인 마음은 거울 위의 먼지나 밝은 하늘을 가린 구름처럼 곧 사라지거나 지워질 것입니다. 우리 마음을 얽매고 있는 습성이란 단지 내면을 가리는 것, 우리의 참본성을 보지 못하게 하는 것에 불과합니다. 언제까지나 변함없는 것이 아닙니다.

우리의 내면을 꼼꼼히 살펴보면 매인 마음과 매이지 않은 마음이 모두 있음을 알 수 있습니다. 또 우리가 사고, 관념, 지각에 의해 좌우되는 매인 마음으로 대부분의 시간을 살고 있음을 알 수 있습니다. 사실 우리는 끊임없이 근본적인 불만족을 느끼면서 살고 있지 않습니까? 바로 그것이 우리가 겪는 괴로움의 토대입니다. 불만족은 무지에서 비롯되는데, 우리의 의식은 정상으로 보일 때도 사실은 거의 항상 무지의 상태입니다. 불만족에는 명확한 것도 있고 깊이 감추어져 있는 것도 있습니다. 대개 우리가 경험하는 것은 단지 마음의 습성일 뿐입니다. 두려움과 미움이 마음의 습성이듯이 끊임없는 불만족도 마음의 습성입니다. 우리는 자신의 외모에 만족하지 못하고, 가진 것에 만족하지 못하며, 다른 사람들을 못마땅하게 여깁니다. 또 수행하면서도 전혀 만족을 느끼지 못하는 경우가 많습니다. 이런 불만족은 우리의 의식을 강하게 지배할 수 있습니다. 때로는 깨달으려는 것과 더 거룩해지고자 하는 것도 사실은 불만족의 표현인 경우가 있습니다. 그런 불만족은 많은 전통에서 깨달음으로 가는 문이라고 말하는 수행의 열망과는 전혀 다른 욕구입니다. 진정한 수행의 열망이란 아무것도 바라지 않은 채 기꺼이 모든 것을 놓아버리는 것이기 때문입니다.

간혹 우리는 매우 자유로워지는 경험을 합니다. 그때 우리는 불현듯 천상의 정원에 들어선 것 같고 모든 것을 명확히 알 수 있습니다. 더 이상 진리가 무엇이고 우리의 참본성이 무엇인지 의심하지 않습니다. 혼란이나 망상도 없습니다. 온갖 일이나 인간관계에서도 더 이상 애쓸 필요가 없습니다. 그리고 모든 것이 지극히 명백해집니다. 이런 통찰은 우리가 생각을 뛰어넘어 마음으로 들어갈 때 생깁니다. 그 과정은 더 이상 다투지 않고 정신적 위축을 놓아 버리는 것입니다. 하지만 대부분의 경우 우리가 무엇이든 놓아 버리는 건 매우 어려운 일입니다. 왜냐하면 우리 마음속에는 모든 걸 놓아 버리면 더 이상 삶을 통제할 수 없을 것이라는 두려움이 있기 때문입니다. 우리의 자아에게 그것은 마치 자동차가 빠른 속도로 달리고 있는데 핸들에서 손을 떼는 것처럼 느껴집니다. 그건 짜릿한 게 아니라 등골이 오싹한 일입니다.

하지만 우리가 마음속으로 들어갈 수 있으면 자연스럽게 놓아 버리게 됩니다. 그때 집착하거나 놓아 버리려 무던히 애쓰는 '나'는 더 이상 존재하지 않습니다. 그것은 자연스러운 마음 상태이므로 우리는 그런 청정심을 바로 지금 평범한 순간에 경험할 수 있습니다. 우리가 깨달음을 얻을 수 있는 이유는 깨달음은 이미 우리 안에 있는 자연스러운 마음 상태이기 때문입니다. 그렇지 않다면 깨달음은 오랫동안 애써서 성취해야 하는 결과일 것입니다. 하지만 깨달음은 우리가 더 영리해지거나 열심히 노력한다고 해서 얻을 수 있는 영적 트로피 같은 것이 아닙니다. 깨달음은 보답이나 상이 아니라 지금 있는 그대로의 본래 마음 상태일 뿐입니다.

그렇다면 이미 우리의 참본성인 청정심을 깨닫기 위해 우리는 무엇을 기다리고 있는 걸까요? 우리 바로 곁으로 신성한 강이 흐르고 있음을 알면 됩니다. 목이 마르면 갈증으로 괴로워할 필요 없이 강물을 떠서 마시면 되는 것입니다. 우리가 바로 그런 상태임을 깨닫는 것이 모든 수행의 유일한 목표입니다. 즉 여러 수행들은 각각 다른 목표를 가진 것이 아니라 우리의 본성으로 깨어남이라는 같은 목표를 지향하는 것입니다. 수행에 다시 영겁의 세월이 걸릴지, 십 년이면 될지, 아니면 단 한 순간만 있으면 되는지는 중요하지 않습니다. 궁극적으로 우리의 참본성을 완전히 알게 되는 종착점에 이르는 것이 가장 중요합니다. 즉 관념적으로 알거나 합리성을 추구하는 게 아니라 그 아름다운 실상을 직접 체험해야 합니다.

불교에서는 진정한 깨달음을 '견성(見性)'이라고 합니다. 즉 눈앞에 있는 친구의 얼굴이나 자신의 손을 보듯이 자신의 참본성을 명확히 보는 것입니다. 우리는 그런 깨달음을 이끌어 낼 수 있지만 만들어 낼 수는 없습니다. 우리는 여러 가지 아름답고 황홀한 영적 경험들을 만들어 낼 수 있습니다. 아름답지만 일시적이고 덧없으며 사랑과 진정한 지혜가 없는 그런 경험들을 티베트어로 '냠(nyam)'이라고 합니다. 그것은 때때로 약간의 행복감을 주기도 하지만, 사실 헛된 것입니다. 반면에 깨달음은 우리가 만들어 낼 수 없고, 다만 우리의 참본성을 볼 때 자연히 일어납니다. 그리고 해탈(모든 번뇌를 소멸함)이 일어납니다. 해탈에 이를 수 있는 비밀의 열쇠는 더 이상 외부에서 찾아다니기를 그만두고 자연스런 마음 상태에서 쉬는 것입니다.

물론 '무언가를 찾지 않을 때만 얻을 수 있다'는 말이 혼란스럽게 들릴 수도 있습니다. 우리는 한 잔의 커피라도 나서서 구하지 않으면 얻을 수 없는 게 사실이기 때문입니다. 난데없이 누군가 우리에게 커피를 주지는 않을 테니 우리는 커피 한 잔을 마시려 해도 커피숍까지 가서 돈을 지불하고 사야 합니다. 이렇듯 이성적인 머리로는 아무리 사소한 것이라도 찾고 노력하고 추구해야만 그것을 얻거나 실현할 수 있습니다. 그러므로 해탈을 발견하기 위한 비밀의 열쇠는 해탈을 '구하지 않는 것'이라는 말을 들을 때 이성적인 머리로는 혼란스럽고 당황스러운 게 당연합니다. 하지만 해탈은 우리가 만들 수 있는 게 아니기 때문에 우리는 해탈을 구할 수 없습니다. 다만 상서로운 동시성(서로 상관없어 보이는 일들이 같은 때와 장소에서 일어나는 것)이 있을 때, 바른 받아들임이 있을 때, 그리고 우리의 의식이 올바른 관점일 때 해탈은 저절로 일어날 것입니다. 그러므로 해탈은 우리가 '직접 볼' 때 자연스럽게 생기는 것입니다. 있는 그대로 본래 스스로 깨달은 상태인 우리의 참본성을 생각에 의해 아는 게 아니라 직접 보고 온전히 맛볼 때 해탈은 이미 여기에 있습니다.

해탈은 이미 우리 의식의 무대에서 춤추고 있습니다. 그렇다면 우리는 어떻게 그것을 바로 지금 체험할 수 있을까요? 특별한 방법이 있을까요? 실제로 많은 방법이 있습니다. 그중 하나는 다음과 같은 오랜 가르침에 담겨 있습니다. "자연스러운 마음 상태에서 쉬어라." 이것은 효과적이고 역동적으로 우리를 변화시킬 수 있는 방법입니다. '쉬다'라는 말에는 많은 의미가 있는데, 여기서는 단지 일상적 의미로 쉰다는 뜻이 아닙니다. 그저 소파에 앉아 탁자에 발을 올려놓고 편히 쉬는 걸 말하는 게 아니라 보다 더 깊은 쉼을 의미합니다. 여기서 깊은 쉼이란 마음이 애써 노력하는 모든 걸 중단하는 것입니다. 즉 무언가를 추구하고, 명상하고, 분석하고, 움켜잡으려고 애쓰는 일을 중단하는 것입니다. 무언가를 없애려 하지도 않고 이루려 하지도 않는 것입니다. 단지 마음이 노력하는 걸 모두 놓아 버리고 자연스러운 마음 상태에 머물면 됩니다. 그것이 무엇인지를 일일이 다 알아야 할 필요도 없습니다. 이것은 희소식입니다. 우리는 제때 깨달음이 일어나게 해야 하는 책임을 지고 있는 존재가 아닙니다. 그렇다면 꽤 안심이 되지 않습니까?

우리는 아침에 해가 떠오르는 걸 봅니다. 산등성이 너머로부터 햇빛이 비치기 시작하는 걸 볼 때, 제때 해가 떠오르는 걸 우리가 책임지고 있습니까? 전혀 아닙니다. 이와 마찬가지로 우리는 깨달음에 대해서도 책임이 없습니다. 더 이상 아무것도 찾아다니지 않을 때 우리는 조금도 애쓴다는 생각 없이 온전히 쉴 수 있습니다. 그러면, 믿기지 않을지도 모르지만, 떠오르는 해처럼 깨달음이 스스로 빛나게 됩니다. 단지 쉼으로써, 깊이 쉼으로써 해탈이 일어남을 알게 될 때 매인 마음은 조용히 물러갑니다.

우리가 신이나 진리 혹은 영원한 자아를 찾아다니는 한 우리는 그것을 발견할 수 없을 뿐만 아니라 오히려 그것으로부터 더욱더 멀어지게 될 것입니다. 반면에 깊이 쉰다는 건 더 이상 아무것도 구하지 않는 것입니다. 그런 깊은 쉼에서 아름다운 고요가 생깁니다. 그러면 거기서 청정심을 언뜻 볼 수 있고 마침내 우리는 청정심과 하나가 될 수 있습니다. 동양에서는 많은 사람들이 그런 고요에 머물기 위해 출가자가 되어 세속을 멀리하고 살아갑니다. 하지만 깊은 고요에 머물기 위해서 반드시 출가를 해야 하는 건 아닙니다. 우리가 고요를 점점 더 좋아하게 되면 깊은 고요에 들어갈 수 있는 많은 기회가 찾아옵니다. 그러면 외부의 어떤 것도 우리를 고요에서 벗어나게 할 수 없습니다. 오히려 모든 것들이 우리가 고요로 들어갈 수 있는 문이 되어 줍니다.

우리는 인간이 얼마나 허약한 존재인지 깨달아야 합니다. 우리가 지금처럼 내일도 여기 살아 있을 수 있을지 누가 알겠습니까? 그런데도 왜 우리는 끊임없이 괴로워하고 있는 것일까요? 더 사랑하고 기뻐하면서 살 수는 없을까요? 그 해답은 최고의 수행법이나 수많은 지식을 통해서는 얻을 수 없고, 우리의 참본성인 내면의 청정심을 깨달을 수 있는 우리의 타고난 능력을 통해서만 얻을 수 있습니다.

알아차림의 기적

04

깨달음은 일상적인 경험입니다

깨달음은
일상적인
경험입니다

이따금 우리는 삶의 목적이 무엇인지 궁금해 합니다. 이 물음 앞에서 우리의 환상은 곧 깨집니다. 삶은 고단해 보이고, 마음속 깊이 인생에서 성공하지 못했다고 생각하기 때문에 우리는 삶에 대한 여러 사상들을 알아보지 않습니다. 한편 어떤 이들은 삶에 대한 고매한 종교 사상에서 깊은 위안을 얻기도 합니다. 그런데 그런 심리적 위안은 그 토대가 흔들리기 시작하면 더 이상 지속될 수 없습니다. 그리고 그때가 되면 삶의 목적에 대한 불편한 물음이 다시 떠오릅니다. 그런데 그럴 때마다 처음에는 도저히 극복할 수 없는 위기인 줄 알았던 것이 오히려 자유를 향한 문이 될 수 있습니다. 우리가 그 기회를 놓치지 않는다면 말입니다.

궁극적으로 모든 것을 초월하는 것 말고는 삶의 목적이 무엇이냐는 물음에 대한 완벽한 답은 없습니다. 만약 집이 온통 불길에 휩싸여 있다면 집을 수리하고 있을 게 아니라 어서 빠져나와야 하지 않겠습니까. 이와 달리 삶의 목적을 찾아다니고 붙잡으려는 것은 아직 진리를 깨닫지 못한 마음이 하는 일에 불과합니다. 도무지 삶의 목적을 알 수 없다는 혼란도 없고 삶의 의미를 확실히 안다고 생각하는 집착도 없을 때, 바로 거기에 깨달음이 있는 것입니다.

깨달음이 무엇인지에 대한 설명은 수없이 많습니다. 그중 일부는 문자 그대로 받아들이면 아주 우스운 의미가 되기 때문에, 그런 말을 들으면 우리는 결코 깨달음을 얻지 못할 것이라고 생각할지도 모릅니다. 그 가장 꼭대기에는 오직 자신들만 깨달음의 열쇠를 쥐고 있다고 주장하는 많은 종교들이 있습니다. 한편 많은 사람들은 이번 생에서는 깨달음을 얻을 수 없다고 체념하고 아주 먼 미래 혹은 내세에서나 깨닫게 될 것이라고 생각합니다. 하지만 깨달음이 언제인지도 모를 미래에만 이루어질 수 있다면 아무도 고통에서 벗어날 수 없을 것입니다. 그건 마치 굶주린 사람이 맛있는 음식을 앞에 두고도 먹을 걸 찾아 두리번거리는 것과 같습니다.

결론부터 말하자면, 실제로 깨달음은 지금 여기서 일어날 수 있습니다. 깨달음은 일상생활에서 쉽게 만날 수 있는 것은 아니지만 누구나 직접 볼 수 있습니다. 남자, 여자, 어린이, 배운 사람이든 못 배운 사람이든 누구나 깨달음을 직접 볼 수 있습니다. 왜냐하면 깨달음이란 단지 꿈같은 현실을 벗어나 진리로 깨어나는 것이기 때문입니다. 깨달음이 일어나는 순간 이제까지 우리를 얽매었던 두려움과 정신적 위축의 토대가 사라지기 때문에 사랑과 기쁨이 활짝 피어납니다. 깨달음은 모든 불안을 물리치는 궁극적 확신을 줍니다. 하지만 역설적으로 그 확신을 일으려면 우리는 안전함을 바라는 마음을 놓아 버려야만 합니다. 그래서 깨달음은 아름다우면서도 동시에 우리를 불편하게 하는 진리입니다.

깨달음이란 언제 어디서나 잃을 것도 없고 얻을 것도 없는 상태라고 말할 수 있습니다. 그러므로 깨달음은 토대 없는 토대이고 더이상 피할 곳 없는 자리입니다. 또 깨달음은 피난처 없는 피난처이고 어떤 이원성도 없는 평화입니다. 이렇게 말하면 그리 매력적이지 않아 보일 수도 있지만, 그럼에도 깨달음은 우리가 직접 볼 수 있는 가장 놀라운 기적입니다. 하지만 자아에게 깨달음이란 단지 '알 수 없는 것'을 보는 것일 뿐입니다. 그리고 언제나 자아는 알 수 없는 것을 아는 것으로 바꾸려고 합니다. 반면에 깨달음에는 아는 것과 알지 못하는 것이라는 이원성이 없습니다. 둘 모두 마음의 영역이기 때문입니다. 깨달음이란 그저 왜곡된 마음 없이 자신의 손을 보듯이 명확히 진리를 직접 보는 것입니다. 여기서 말하는 진리는 일반적 의미의 진리가 아니라 마음보다 먼저 있고 절대 변치 않는 진리입니다. 그것을 '궁극적 진리(paramartha satya, 眞諦)'라고 합니다.

깨달음에 대한 정의는 수없이 많습니다. '해탈' 혹은 '만물의 고귀한 본성'이라고도 하고 실상에 대한 '직관'이라고도 합니다. 그중에서 붓다가 말했던 가장 간결하고 명확한 정의는 깨달음이란 곧 '깨어남'이라는 것입니다. 그런데 단지 우리가 수행자이기 때문에 혹은 다양한 영적 수련을 했기 때문에 당연히 깨어날 수 있는 것은 아닙니다. 물론 바른 의도로 수행한다면 여러 종교의 수련은 대단히 유익합니다. 그래서 붓다는 "마음이 모든 것보다 먼저 있다."고 말했습니다. 반면에 잘못된 의도를 가지고 있다면 아무리 훌륭한 수행을 한다 해도 단지 개념과 완고한 신앙 체계에 더욱 얽매이게 될 뿐입니다. 또한 안전함과 위안을 달라고 신에게 기도하는 경우에도 만일 우리가 여전히 허상을 유지하려 애쓰는 것이라면 사실은 잘못된 의도일 수 있습니다.

우리는 외부에 인격적 구원자가 있음을 믿을 때 두려움이 가라앉고 불안감이 진정될 수도 있습니다. 그런 구원자의 존재를 의심하는 건 결코 쉬운 일이 아닙니다. 따라서 우리가 굳게 믿었던 것이 허물어지는 걸 본다면 몹시 두려울 것입니다. 특히 그 믿음을 대신할 것이 아무것도 없다면 두려움은 더욱 클 것입니다.

수련에 참가한 한 부부가 있었습니다. 정말 개방적인 성품을 지닌 그들은 깨달음을 얻으려고 열심히 수행했습니다. 타고난 보살이라고 부를 만한 분들이었습니다. 수련이 끝난 후 그들이 편지를 보내왔는데, 부인은 이전보다 더 행복해졌다고 말했습니다. 반면에 남편의 반응은 달랐습니다. 실상에 대한 관념이 하나둘씩 사라지기 시작하자 그는 좀 겁이 났던 것입니다. 그분처럼 자신의 허상에 더 저항하는 사람일수록 깨어남의 과정은 더 고통스럽습니다. 반대로 허상에 대한 저항을 포기하면 깨어남의 과정은 보다 수월하고 흥미로울 것입니다. 그 저항은 죽음에 대한 두려움에서 비롯되는 것인데, 그 죽음이란 육체의 죽음이 아니라 개별적 자아라는 허상의 죽음이기 때문입니다.

진정한 깨달음은 특정한 문화나 종교에만 있는 것이 아니므로 깨달음은 누구에게나 언제든지 일어날 수 있습니다. 모든 사람은 보편적으로 타고난 권리처럼 깨달음의 잠재력을 가지고 있기 때문입니다. 붓다는 그것을 잘 알았기 때문에 힌두교의 고루한 카스트제도를 깨뜨리고 진리를 보여 주었습니다. 그래서 카스트 출신을 가리지 않고 많은 남성과 여성들을 수행 공동체에 받아들여서, 많은 사람들이 진리를 깨달을 수 있었습니다. 일부 불교 스승들은 오늘날 과거보다 더 많은 사람들이 깨달음을 얻을 것이라고 예견했습니다. 봄에 들꽃이 사방에 피는 것처럼 깨달음이 만개할 수 있다는 말입니다. 들판에 가득 피어 있는 들꽃을 보면 마치 온 세상이 들꽃으로 덮인 것 같은데, 언젠가 깨달음도 그렇게 될 것입니다. 수많은 사람들에게 자발성과 순수한 내맡김이 있을 때 그들의 의식에서 깨달음이 들꽃처럼 피어날 것입니다.

깨달음이란 사랑, 자유, 기쁨, 평화, 우리의 참본성을 만나기 등 우리의 마음이 간절히 바라는 모든 것입니다. 깨달음은 우리가 구하는 것을 빠짐없이 모두 채워 줍니다. 하지만 깨달음은 종교적 현상이 아닙니다. 단지 거대한 꿈과 같은 이원성을 중단함으로써 우리의 근본적 온전함을 회복하는 것입니다. 우리가 그 꿈에서 깨어나면 수많은 괴로움도 모두 사라질 것입니다. 우리가 잃는 것은 꿈같은 망상일 뿐입니다. 깨달음은 단지 일시적으로 괴로움을 멈추는 것이 아니라 모든 괴로움의 뿌리를 잘라내기 시작하는 것입니다.

불교에서는 우리의 외부에 극락이 있다고 말하지 않지만 간혹 깨달음이란 극락에 들어가는 것과 같다고 말합니다. 모든 문화에서는 특색이 있는 천국이나 극락을 말합니다. 그것은 지극한 선, 아름다움, 기쁨, 법열의 세계입니다. 하지만 불교의 가르침에 나오는 극락은 외부가 아니라 우리의 깨달은 마음을 일컫는 것입니다. 많은 불교 스승들은 우리의 순수한 지각이 곧 극락이라고 말했습니다. 순수한 지각이란 어떤 망상도 없는 깨달은 마음을 말합니다. '순수한'이란 말은 모든 망상에서 벗어난 상태를 의미하는 것입니다. 우리가 수행을 통해 초월하고자 하는 이 세상의 뿌리가 바로 망상이기 때문입니다. 그런데 우리가 초월하려는 세상은 공기, 햇빛, 바다가 있는 물리적 세계가 아닙니다. 그것은 문젯거리들이 많기는 하지만 또한 놀라울 정도로 아름다운 곳입니다. 우리가 눈을 뜨면 외부 세계가 보입니다. 바닷가를 걸으면 모래, 바위, 파도가 있고 바다가 노래하는 아름다운 세계를 볼 수 있습니다. 이 아름다운 세계는 잘못된 것이 없으며, 있는 그대로 완전하고 성스럽습니다. 이와 달리 우리를 괴롭히는 문제들은 우리의 의식이 만들어 낸 세상에 있는 것입니다. 우리의 마음 안에 우리가 지어낸 세상이 있음을 알 수 있습니까? 우리는 언제나 마음이 지어낸 세상에서 살고 있는 것입니다.

그러므로 우리가 초월해야 하는 세상은 우리의 마음이 만들어 낸 세상입니다. 그곳에는 많은 문제들, 온갖 드라마, 많은 이야기들과 많은 괴로움이 있고, 멈출 줄 모르는 쳇바퀴처럼 끊임없이 고통과 번뇌가 반복됩니다. 그래서 우리 모두는 마음이 지어낸 세상을 초월하고 싶어 하고, 많은 사람들이 수행을 하게 됩니다. 마음이 지어낸 세상이란 설령 일시적 즐거움이 있을지라도 근본적으로 슬픔의 세계이고 혼란과 한계가 있는 세계일 뿐이기 때문입니다. 그런데 우리는 마음이 지어낸 세상을 초월하려 할 때 간혹 매우 잘못된 방향으로 가기도 합니다. 우리는 이따금 의식이 고양된 상태로 동면에 들어버립니다. 가끔 극장에 가서 영화를 보는 것은 마음이 지어낸 세상을 초월하는 데 도움을 줍니다. 영화를 보는 동안 자기 자신을 잊을 수 있으므로 그것이 일종의 종교 의식같이 될 수도 있기 때문입니다. 우리는 잠시 동안 문젯거리들을 모두 잊고 초월감을 느낍니다. 그래서 사람들이 극장에서 팝콘을 먹으며 영화를 보면서 활짝 웃고 있을 때, 그들은 일종의 종교적 경험이나 초월에 다가간 것처럼 보이기도 합니다. 하지만 그것은 일시적인 거짓 초월에 지나지 않습니다. 그런데, 믿기 어렵겠지만 많은 경우에 사람들이 사원이나 아쉬람 혹은 교회에 가서 예배하는 일도 영화를 보러 가는 것과 별로 다르지 않습니다. 그것은 매우 슬픈 일이지만 사실입니다.

많은 사람들은 우리가 망상으로 만들어 낸 세상, 우리가 집착하는 세상, 고통과 슬픔의 세상을 초탈하고 싶다는 소망을 가지고 있습니다. 우리가 세속적인 노력과 더불어 애써 수행을 하게 되는 가장 핵심적인 이유가 바로 그 초탈의 소망입니다. 모든 사람은 자유롭기를 바라기 때문입니다. 또 끊임없이 혼란스럽고, 갈피를 잡지 못하고, 끝없는 싸움에 빠져드는 걸 이제라도 그만두고 싶어 하기 때문입니다. 갖가지 한계에 매인 이 세상을 초탈하기를 바란다면 이 세상이 외부에 있는 게 아니라 단지 우리의 의식 상태임을 잊지 말아야 합니다. 많은 수행자들이 초탈하려 하는 세상은 사실 우리 안에 있는 것입니다. 그것은 실상이 아니고 우리의 자아가 만들어 낸 일시적이고 꿈같은 현실일 뿐입니다. 우리는 항상 필사적으로 이 세상을 초탈하려 하거나 반대로 기를 쓰고 움켜쥔 채 놓지 않으려 합니다. 그러다 때때로 이 세상에 신물이 나면 상상하기 어려울 정도로 멀리 떨어진 다른 은하계같이 바뀐 의식 상태를 향해 환상적인 여행을 떠나고 싶어 합니다. 우리는 골치 아픈 문제를 서둘러 잊어

버리고 영원한 법열의 감로수를 마시기만을 원하는 것입니다.

그게 바로 문제의 핵심입니다. 우리가 초월하려는 것은 외부가 아니라 우리 안에 있음을 깨닫고 끊임없이 내면으로 돌아가야 합니다. 그것은 비록 우리가 받아들이고 있는 삶과 현실의 토대였지만, 단지 마음속 세계일 뿐입니다. 깊은 명상을 하면 이전에 현실인 줄 알았던 것이 단지 개념, 믿음, 생각, 기억 등의 모임에 불과하다는 것을 명확히 알 수 있습니다. 그 놀라운 깨달음 속에서 우리가 사실이라고 믿었던 모든 것이 사라집니다. 불현듯 우리가 지금까지 영화 같은 삶, 꿈같은 현실이라는 영화를 보고 있었음을 깨닫는 것입니다. 그러므로 실상이 무엇인지 깨닫기 원한다면 눈앞의 현실을 놓아 버리기만 하면 됩니다. 그러면 이미 우리는 실상을 깨닫고 있습니다. 그런데 이 역설이 우리를 꽤 혼란스럽게 하는 것이 사실입니다.

스스로에게 진실로 물어야 합니다. 우리는 바로 지금 눈앞의 현실을 즐기고 있는가, 그렇지 않은가? 눈앞의 현실을 즐기고 있다면 그것이 그리 오래 지속되지 못한다는 걸 명심해야 합니다. 그것은 아이스크림처럼 어느새 녹아 버립니다. 눈앞의 현실을 즐기는 건 아이스크림처럼 맛있지만 조만간 사라져 버릴 것을 즐기는 것에 지나지 않습니다. 주의 깊게 살펴보면 그 사실을 알 수 있습니다. 그런데 때때로 우리는 눈앞의 현실에 푹 빠져서 그것이 영원히 계속될 것이라고 굳게 믿습니다. 아름다운 환상에 속은 우리의 마음은 이렇게 속삭입니다. "나는 이것을 얻었어. 저것도 얻었지. 성공한 거야. 기분이 아주 좋아. 드디어 자아가 뭔지 알았어. 나는 깨달음을 얻은 게 틀림없어." 하지만 그것은 아름다운 현실이지만 실상이 아니라는 걸 잊으면 안 됩니다. 복잡한 분석을 통해서 현실과 비현실의 차이를 알기 위해 애쓰기보다는 현실에 대한 생각을 모두 놓아 버리는 것이 더 좋습니다.

물론 우리의 의식은 분석하기를 좋아합니다. 현실과 비현실의 차이를 파악하느라 십 년 넘는 세월을 보낼 수도 있습니다. 우리의 의식은 이렇게 말합니다. "나는 수행을 하고 있는 거야. 현실과 비현실을 구별하는 커다란 신비를 풀어야 하거든. 내가 이 문제만 해결하면 천상의 보답으로 굉장한 깨달음을 얻게 될 거야." 우리의 의식은 이렇게 간사하고 꾀가 많을 수도 있지만, 사실 끝없는 분석에 빠져 길을 잃기도 합니다. 그래서 많은 스승들은 우리가 매달려 있는 현실에 대한 생각을 아예 전부 내려놓는 게 더 좋다고 말합니다. 즉 삶과 죽음, 괴로움과 행복, 순수와 비순수, 과거와 미래, 성공과 실패 등의 관념을 모두 내려놓으라는 것입니다.

가장 높은 단계의 명상은 '초월적 지혜(prajnaparamita)' 혹은 반야지(般若智)라고 합니다. 그것은 순수한 알아차림의 상태이고 청정한 마음 상태이며 현실에 대한 관념이 모두 사라진 지혜의 상태입니다. 태어남과 죽음을 비롯한 모든 것을 초월한 것입니다. 이것이 가장 깊은 단계의 명상이며 순수 알아차림입니다.

단지 이원성의 허상을 내려놓을 줄 모른다면 더 이상 우리가 할 수 있는 일은 별로 없습니다. 이따금 우리는 좌선을 합니다. 명상은 그저 침묵 속에 앉아 있는 기술입니다. 그리고 좌선이란 그저 앉아 있음, 단지 쉼, 그저 존재함을 의미합니다. 이와 같이 모든 걸 있는 그대로 두십시오. 모든 것을 있는 그대로 두는 법을 알면 우리는 망상과 슬픔의 세계를 부수려고 애쓸 필요도 없습니다. 망상과 슬픔의 세계는 이미 스스로 무너지며 사라지고 있기 때문입니다. 이것은 간단해 보이지만 좀 미묘합니다. 우리는 단지 모든 것을 있는 그대로 둘 뿐입니다. 그리고 모든 것을 있는 그대로 둘 때 모든 것을 알게 됩니다. 깨달음의 비밀을 푼 것입니다. 이렇듯 좌선이란 모든 것을 있는 그대로 두는 것이고, 항상 일어나는 관념과 개념과 슬픔의 세상이 스스로 사라지게 놓아두는 것입니다. 이것이 지고의 수행법입니다.

이 수행법은 매우 미묘합니다. 바로 지금 여기서 그 진리를 깨달으려는 뜨거운 열망이 없으면 아무 소용이 없습니다. 그리고 우리는 그 진리를 보게 되었을 때 그것이 이미 항상 여기에 있었음을 알고 크게 놀랄 것입니다. 많은 전통에서 오랜 세월에 걸쳐 개발된 다양한 형식과 방법에 따라 가르쳐 온 탐구법이 있습니다. 스승들은 이렇게 말합니다. "마음이 어디 있는지 살펴보라. 마음이 생기는 기원이 있는지 없는지 살펴보라. 마음이 어떤 장소에 있는지 그렇지 않은지 살펴보라. 또 마음이 사라지는 근원이 있는지 없는지 살펴보라." 여기서 탐구법이 어떤 형식인지는 그리 중요하지 않습니다. 우리가 현실에 대한 관념을 넘어설 줄 모른다면, 또 곧바로 사랑과 기쁨의 바다로 뛰어드는 법을 알지 못한다면, 때때로 우리가 할 수 있는 일은 오직 그 지고의 탐구밖에 없습니다. 아주 간단하지 않습니까?

그 탐구에 의해 간혹 큰 기회가 생깁니다. 때때로 모든 저항이 무너지고 갑자기 아무것도 우리의 의식을 가로막지 않습니다. 그리고 불현듯 마음은 더 이상 현실이 무엇인지에 대한 거짓 이야기를 꾸며내지 않습니다. 그러면 우리는 그 망상 없는 의식의 근거에서 진정한 지혜의 눈과 깨달은 마음을 발견해서 시대를 초월한 진리를 볼 수 있는 것입니다.

깨달음은 누구에게나
언제든지 일어날 수 있습니다.
모든 사람은
보편적으로 타고난 권리처럼
깨달음의 잠재력을
가지고 있기 때문입니다.

알아차림의 기적

05

삶을 즐기는 기술

삶을
즐기는
기술

시대가 지나도 변치 않는 붓다의 가르침 중 하나는 인생이 매우 짧고 귀중하다는 것입니다. 그것은 나이에 상관없이 누구에게나 해당되는 사실입니다. 시간은 언제나 빠르게 지나고 있습니다. 인생은 풀잎에 맺힌 아침 이슬같이 지극히 짧고 허무하지만 동시에 그 무상함 때문에 오히려 매우 아름답습니다. 또한 인생은 일몰이나 무지개처럼 아무리 애써도 붙잡을 수 없으므로 성스럽고 귀중히 여겨야 합니다. 그래서 우리는 이따금 인생의 신비를 사색하고 인생에 어떤 목적이 있을 것이라고 생각합니다.

인생이 매우 귀중하면서도 지극히 짧다는 것을 알기 때문에 간혹 우리는 인생에서 의미 있는 일을 하고 싶다는 간절한 바람에 휩싸입니다. 그런데 의미 있는 삶을 살아야 한다고 너무 염려하는 건 불면증을 걱정하는 것과 비슷한 면이 있습니다. 잠을 못 잘까 봐 걱정할수록 잠이 더 달아나 버립니다. 따라서 인생에 대한 거창한 사상 따위를 잊어버리는 게 가장 좋은 경우가 많습니다. '진정한 수행이란 자신을 잊는 것'이라는 말이 있습니다. 진실로 자기 자신을 잊을 때 놀라운 평화가 찾아옵니다. 평화는 모든 것에 스며 있고 항상 존재하므로, 그것을 얻는 건 우리가 하기 나름입니다. 이미 멋진 애인이 기다리고 있으므로 그 자리에 가서 만나기만 하면 되는 것처럼 말입니다. 오직 자신을 잊는 것만 기억하면 된다는 말을 믿을 수 있습니까? 혹시 이 역설을 들으니 웃음이 나옵니까? 그렇다면 우리는 자신의 내부와 외부라는 기준에 집착하고 있는 것입니다. 반면에 롱첸빠는 이렇게 말했습니다. "인생의 모든 것은 그저 한순간에 지나치는 것일 뿐이다. 마치 미친 사람의 환각이나 한바탕 꿈과 같다. 그걸 생각하면 웃음이 나온다." 이런 내면의 웃음은 우리에게 싶은 안노삼을 줍니다.

궁극적 의미에서 삶을 즐기기를 배우는 것 말고는 달리 할 일이 없습니다. 그것은 정말 간단해 보입니다. 또한 별달리 수행해야 하는 것이 아니라 아주 일상적인 것입니다. 물론 우리가 반드시 고귀한 경지에 올라야 하는 것도 아니지만 그와 달리 삶을 즐긴다고 해서 단지 퇴폐적 향락에 빠지는 것을 의미하는 것도 아닙니다. 우리가 진실로 삶을 즐길 수 있을 때, 다양한 삶의 모습들 속에서 축하하는 마음과 기쁨이 함께합니다. 그런 태도에 의해 우리의 삶은 우아해지고 내면에서 평화의 빛이 막힘없이 흘러나옵니다. "사람 노릇하면서 사는 건 참 힘들어." 이렇듯 고달프게 생각하면 결국 우리는 외롭게 됩니다. 반면에 제대로 삶을 즐길 수 있게 되면 우리는 무언가를 찾아다니기를 그만두게 됩니다. 그전에는 행복, 깨달음, 괴로움을 그치는 법 따위를 찾아다녀야 했고, 그럼에도 불구하고 이것저것 찾아야 할 것은 점점 더 많아지기만 했습니다. 이렇게 끝없이 무언가를 찾아다니는 것이 모든 사람의 고통과 번뇌의 원인입니다. 하지만 그것은 너무 미묘해서 우리는 그것을 의식하지 못한 채 끊임없이 무언가를 찾아다닙니다. 그래서 생각이 만들어 내는 미묘한 고통이 계속되기 때문에 우리는 순간순간 삶을 온전히 즐기지 못합니다.

끊임없이 무언가를 찾아다니는 행동은 우리가 구하는 걸 얻지 못하는 경우가 많기 때문에 생기는 습성입니다. 우리가 구하던 것을 얻었다고 생각할 때마다 사실은 그것이 우리가 찾던 것이 아니라는 걸 알게 되고, 결국 우리는 다시 계속해서 무언가를 찾아다닙니다. 그러므로 삶을 즐기기가 처음에는 아주 간단해 보였지만, 이제는 그것이 그리 간단한 일이 아님을 알게 되었습니다. 삶을 즐기기는 그리 쉬운 문제가 아닌 것입니다. 붓다는 무언가를 찾으려는 생각이 그친 의식 상태가 곧 '깨달음'이라고 했습니다. 또 그것이 '열반'이라고 했습니다. 따라서 열반이란 어떤 장소가 아니라 더 이상 애쓰지 않고 희망도 두려움도 없이 바로 지금 깨달은 마음의 상태입니다. 열반은 희망이나 두려움에 얽매이지 않는 것이므로, 우리는 준비가 되어 있다면 바로 지금이라도 열반에 들 수 있습니다. 그러므로 스스로 이렇게 묻는 게 좋습니다. "나는 모든 순간마다 외면뿐만 아니라 내면에서도 삶을 즐기고 있는가?" 우리의 귀중한 인생은 너무 짧습니다. 우리는 눈을 깜박일 때마다 죽음에 더 가까워지고 있으며 현재 이 순간은 결코 다시 오지 않습니다. 그러므로 우리는 모든 순간을 즐기는 법을 배워야 합니다. 우리는 행복하고 자유롭기 위해서 우리의 밖에서 무언가를 얻어야 할 필요가 없습니다. 반대로 무언가를 이루려는 힘겨운 노력을 그만두면, 어느 순간 우리의 의식 속에 드넓은 공간이 드러나고 거칠 것 없는 자유로움을 느끼게 됩니다. 그때 우리는 삶을 있는 그대로 즐길 수 있습니다.

무언가 찾아다니기를 중단할 수 있는 가장 좋은 방법은 깊이 탐구하는 것입니다. 깊은 탐구를 하면 찾아다니기를 그만둘 수 있고 자유를 얻는 게 얼마나 쉬운지 명확히 알게 됩니다. 우리는 스스로 이렇게 물을 수 있습니다. "내게 괴로움이 더 필요한가? 나는 이미 충분히 고통 받지 않았나?" 거의 모든 사람은 자신이 이미 충분히 고통 받았다고 대답할 것입니다. 그래서 바로 지금 도움이 되는 수행법이나 기술이 있다면 우리는 당장 괴로움을 멈추기를 원합니다.

괴로움을 멈추는 건 쉬운 일일까요? 쉽지는 않겠지만 사실 꽤 간단합니다. 괴로움을 쉽게 멈출 수 있다면 모든 사람들이 오래전에 해탈에 이르렀을 것입니다. 하지만 그것은 너무 간단해서, 사람들이 해탈에 이르는 길을 알려달라고 했을 때 붓다는 아무것도 가르쳐 주지 않았습니다. 붓다는 단지 "그 길은 다르마이다."라고 대답했습니다. 진리를 뜻하는 '다르마(dharma)' 라는 말의 본래 의미는 '길'입니다.

따라서 붓다는 '길은 길이다'라고 말한 것이므로 사실 아무 의미 없는 말을 한 셈입니다. 다르마는 신앙 체계나 기술이 아닙니다. 그것을 믿는 순간부터 틀림없이 모든 문제를 해결해 주는 절대 확실한 신앙 체계가 아닙니다. 또 의사에게 처방전을 받듯이 누군가로부터 전해 받을 수 있는 기술도 아니고 마술 같은 만병통치약도 아닙니다. 어떤 수행의 처방전에 따라 몇 번이고 그대로 반복한다고 해도 언젠가 우리의 의식이 확장되고 마음이 활짝 열리고 모든 것이 괜찮아지는 일은 일어날 수 없습니다. 다르마는 신앙 체계나 기술처럼 실체가 있는 게 아닙니다. 궁극적으로 다르마란 '부담을 내려놓는 행위'라고 붓다는 말했습니다. 그리고 바로 그것이 길이라고 말했습니다.

깊은 가르침은 평면적이라기보다는 수직적입니다. 그것은 먼 미래의 목표를 가리키는 게 아니라 바로 지금 여기 있는 깨달음으로 우리를 부릅니다. 동양에서는 수천 년 전부터 좌선의 전통이 있었습니다. 좌선의 목적은 끊임없이 사방으로 흩어지는 단편적인 마음을 그치고, 마음이 상승하게 함으로써 즉시 초월하고자 하는 것입니다. 근본적으로 좌선은 깨달음이 바로 여기에 있음을 의미합니다. 좌선은 가상의 미래에 깨달음을 성취하기 위한 수단이 아닙니다. 그것이 좌선에 대해서 놓치기 쉬운 핵심입니다. 사실 해탈은 우리가 찾아나서기도 전에 바로 여기서 우리에게 다가옵니다. 해탈은 신비로운 게 아니라 의식의 부담을 내려놓는 근본적 행위일 뿐입니다. 바로 지금 생각을 내려놓는 근본적 행위입니다. 생각을 내려놓는 게 바로 의식의 부담을 내려놓는 것입니다. 이것이 생각을 초탈하는 것이며, 그럼으로써 우리는 추상적 개념을 모두 잃게 됩니다.

이런 말이 너무 여지없어 보일지도 모릅니다. 그 이유는 삶에서 우리가 지키려고 애쓰는 것은 모두 어떤 개념이기 때문입니다. 우리의 생각이 집착하는 것은 모두 개념일 뿐입니다. 하지만 우리가 고정관념에 집착할수록 베일에 가린 아름다운 여인의 얼굴처럼 삶의 실상을 명확히 볼 수 없게 됩니다. 그때 우리가 실제 삶이라고 믿는 것은 단지 여러 기억들의 모임에 불과합니다. 그런 삶에는 불꽃같이 생생한 자발성이 없기 때문에 우리는 온전한 삶을 살 수 없습니다. 또한 우리는 미래에 대한 생각에 빠져서 지금 일어나고 있는 삶의 기적들을 놓치고 맙니다. 미래는 우리의 상상 안에만 있을 뿐 아직 존재하지 않는 세계이기 때문입니다. 삶은 미래에 일어나는 것이 아닙니다. 그 사실을 알지 못하면 우리는 실제 삶 속에서 우리의 기대가 어긋날 때마다 거듭해서 실망하게 됩니다. 삶은 좋다거나 나쁘다고 판단하는 이원적 틀에 담을 수 없습니다. 삶을 우리 마음대로 좌지우지하려고 애쓰는 게 무슨 소용이 있습니까? 그것은 결국 우리를 지치게 하는 헛된 노력일 뿐입니다. 그런데도 그 불가능한 일을 하느라 우리는 매일 온갖 번뇌를 지어내고 있습니다. 그와 달리 우리는 삶과 씨름하지 않고 삶의 강물을 따라 유유히 흘러갈 수 있습니다. 그러면 삶은 자연스럽게 이루어집니다.

삶은 도무지 예측 불가능하기 때문에 우리 마음속 깊은 곳에는 삶에 대한 두려움이 있습니다. 그래서 우리는 항상 삶을 통제하려 애쓰지만, 결국 그것은 삶을 죽이는 것입니다. 우리가 삶을 두려워하는 까닭은 불안하기 때문입니다. 만약 삶을 완전히 통제하지 못하면 살아남을 수 없다고 생각하기에 불안한 것입니다. 하지만 그런 생각은 정말 비현실적이며, 그런 의미 없는 행위에 사로잡혀 있는 한 우리는 결코 삶을 온전히 받아들이고 축하할 수 없습니다. 그것만이 우리가 해야 할 일인데 말입니다. 삶을 온전히 받아들이고 축하하는 것 아닌 다른 일, 우리가 실제인 줄로 믿는 다른 모든 것들은 마음이 만들어 낸 것에 불과합니다. 이것을 알지 못하면 우리는 계속해서 죽은 관념의 세계에서 살게 됩니다. 그 결과 우리는 실제로 살아 보지도 못하고 죽습니다.

그 점을 명심하고 주위를 둘러보십시오. 그러면 일상적인 상호작용과 관계 속에서 늘 그런 일이 벌어지고 있는 걸 볼 수 있습니다. 지금까지 온 세상이 그 미친 짓 안에서 이리저리 돌고 있습니다. 게다가 많은 전통 종교들은 미래에 주어질 큰 상을 약속하거나 단지 고상한 관념을 숭배하도록 가르침으로써 그 미친 짓을 더욱 부추깁니다. 결국 우리는 삶의 지극한 아름다움을 알아보지 못하고, 심지어 때로는 삶을 짓밟고 경멸하기도 합니다. 역사 속이나 현재 상황에서 그것을 명백히 볼 수 있습니다.

한 제자가 붓다에게 영원한 자아가 있는지 물었습니다. 하지만 붓다는 그 질문이 해탈과 관련 없으므로 대답하지 않겠다고 말했습니다. 단지 어떤 개념에 매달리는 것은 현재를 사는 길에서 벗어난 것이기 때문입니다. 붓다가 말한 의식의 부담이란 모두 우리의 생각이 만든 것입니다. 우리가 지금 당장 의식의 부담을 내려놓으면 어떤 일이 일어날까요? 믿을 수 없을 정도로 놀라운 평안이 올 것입니다. 그것을 '해탈'이라고 합니다. 그것은 멋진 제안이고 누구도 손해되지 않는 일입니다. 왜냐하면 결국 우리는 아무것도 잃지 않고 다만 비참함, 괴로움, 탐욕, 증오, 망상이 사라질 뿐이기 때문입니다. 그렇다면 우리가 해탈에 이르지 못하게 가로막는 것은 무엇입니까? 우리는 생각을 내려놓기만 하면 됩니다. 사실 우리는 이미 내려놓을 줄 알고, 물건을 내려놓기를 매우 잘합니다. 논리는 똑같기 때문에, 자동차 열쇠를 내려놓을 줄 알면 생각도 내려놓을 수 있습니다. 우스갯소리로 들릴지 모르지만 사실입니다. 우리의 생각을 내려놓는 건 차 열쇠를 내려놓는 것보다 어려운 일이 아닙니다. 우리가 간절히 바라는 해탈의 길은 매우 단순합니다. 해탈은 어떤 신앙 체계를 받아들이거나 특별한 방법으로 수행하는 게 아닙니다.

우리는 때때로 수많은 사색과 분석으로 수행의 길을 시작하지만 죽을 때까지 아무 데도 이르지 못하거나 심지어 처음 출발한 곳을 조금도 벗어나지 못하기도 합니다. 그러므로 인생이 매우 짧고 시간은 계속 흐른다는 걸 깨달았다면 시간을 헛되이 보내지 않겠다고 굳게 결심하고 문제의 핵심을 다루어야 합니다. 우리는 이따금 모든 분석, 수행법, 전략 등을 제쳐 놓고 모든 생각을 내려놓아야 합니다. 바로 이것이 핵심입니다. 괴로움이 어떻게 발생하는지 분석하는 데 많은 시간을 보내면 안 됩니다. 누가 그걸 신경 쓰겠습니까? 그런 문제들에 대해 사색하는 게 무슨 소용이 있겠습니까? 분석과 사색은 궁극적으로 우리를 자유롭게 해 주지 못하는데 말입니다. 그러므로 바로 지금 해탈하기를 정말 간절히 바란다면 나중이 아니라 바로 지금 모든 생각을 내려놓으면 됩니다. 그것이 유일한 방법이자 최고의 방법이며, 방법에 매이지 않는 방법입니다. 그저 모든 생각을 내려놓아야 합니다. 바로 그때 무언가를 찾아다니기가 끝납니다. 그러면 우리는 모든 순간마다 삶을 있는 그대로 즐길 수 있고, 천국이 바로 여기에 있는 것입니다.

알아차림의 기적

06

조건 없는 자유

조건 없는
자유

간혹 우리는 삶에서 무엇을 놓치고 있는지를 모릅니다. 그것은 참으로 안타까운 일입니다. 나중에라도 우리가 귀중한 것을 놓치고 있음을 깨달을 수 있다면 운이 좋은 것입니다. 여기서 말하는 '놓친 것'은 재산이나 성과 혹은 목표가 아니고 어떤 실체가 있는 것도 아닙니다. 그런데 그 놓친 것을 만나게 되면 우리는 그것을 말로 설명하기가 거의 불가능하다는 걸 알게 됩니다. 우리가 처음에 어떤 형태로든 수행을 시작하게 되는 이유는 바로 우리가 삶에서 놓친 것을 만나기 위해서입니다.

우리에겐 그런 순수하고 간절한 바람이 있습니다. 그것을 충족하지 못하면 그 대신 인간관계나 재산, 권력 혹은 다른 어떤 세속적 성취를 얻는다고 해도 좀처럼 만족을 얻기 어렵습니다. 싯다르타 왕자는 바로 그 열망에 사로잡혀서 모든 것을 버리고 떠나 그가 놓치고 있는 것을 탐구했습니다. 오랜 전통의 다른 수행자들도 싯다르타처럼 탐구하기 위해 모든 것을 포기합니다. 그리고 그중 많은 이들이 탐구를 통해 마침내 초월에 이르렀습니다. 바로 그것이 붓다가 말한 열반(nirvana)이고, 힌두 성자들이 말하는 해탈(moksha)이며, 조건 없는 자유인 깨달음입니다.

어떤 이들은 주의를 내면으로 돌려서 진정한 답을 찾을 줄 모르기 때문에 인생이 공허하다고 느낍니다. 불행히도 많은 신자들은 그들의 종교가 이미 정해진 답만을 주기 때문에 진정한 답에 이르지 못하고 계속 무의식 상태인 채로 머물러 있습니다. 마치 '모르는 게 약'이라는 듯이 말입니다. 아마 붓다도 그런 이유 때문에 기존 종교에 의지해서는 진리를 찾을 수 없었을 것입니다. 삶이 허무하다는 느낌에 사로잡히면 자신의 존재에 대해 심한 괴로움을 겪게 됩니다. 하지만 우리는 그 허무한 느낌을 이용해서 절대 굴하지 않고 수행하겠다는 열망을 일으켜야 합니다. 그것은 진정한 자유를 발견하고 싶다는 마음을 불러일으킬 수 있기 때문입니다. 진정한 자유란 인생의 가장 높은 목표인 조건 없는 자유이며, 괴로움의 근원이 사라진 상태를 말합니다. 그런데 많은 이들은 '조건 없는 자유'에 대해 스스로 생각하지 않고 남들로부터 듣지도 못합니다. 그것은 매우 추상적이고 신비로운 것처럼 보이기도 하지만 사실 그리 신비로운 것이 아닙니다. 조건 없는 자유는 우리가 오늘 아침에 마신 차나 산에서 만질 수 있는 바위처럼 실제적인 것입니다. 아마 다른 무엇보다도 더 실제적이고, 궁극적으로 가장 실제적인 것입니다. 오히려 그 밖의 다른 것들이 허깨비 같은 것입니다. 그렇지만 그 초월적 자유를 깨달아야 한다는 말은 우리의 이성적 의식으로는 도저히 믿을 수 없고 지나치게 이상적인 것으로 보일지도 모릅니다. 우리의 마음과 달리 우리의 이성은 슬픔과 개념에 중독되어 있기 때문입니다. 그럼에도 불구하고 '조건 없는 자유'라는 깨달음은 언제든 일어날 수 있습니다.

우리는 어떤 멋진 환상을 만들어 내면 종종 그것이 가장 좋은 것이라고 생각합니다. 그래서 "와! 여태 생각도 못했던 굉장한 일이 일어났어."라고 말합니다. 하지만 그렇지 않습니다. 대개의 경우 우리가 제일 좋다고 생각한 것은 종종 실제로 그리 좋지 못한 것으로 밝혀집니다. 또 우리의 자아가 오랫동안 간절히 바랐던 굉장한 환상을 성취할 때, 주변 사람들은 그것이 이제까지 없었던 가장 좋은 것이라고 말해 줍니다. 하지만 우리의 생각이 추구하고 믿는 것 혹은 성취한 것은 대부분 놀라운 환상일 뿐입니다. 그럼에도 불구하고 우리의 삶은 하나둘씩 이어지는 환상에 의해 굴러가고 있습니다. 이와 달리 깨달음이야말로 누구에게나 일어날 수 있는 가장 좋은 일입니다.

그렇다면 도저히 설명할 수 없는 그 놀라운 자유를 어떻게 깨달을 수 있을까요? 조건 없는 자유는 우리가 알고 있는 다른 어떤 진리와도 다르기 때문에 그 물음에 답하기는 어렵습니다. 조건 없는 자유는 형태도 없고 색도, 특징도, 한계도 없으며 신앙 체계도 없습니다. 아무것도 붙잡을 게 없어서 사고팔 수도 없습니다. 그래서 많은 이들이 조건 없는 자유를 사지 못하고 대신 허상과 신앙 체계를 사느라 바쁜 것입니다. 하지만 개념을 떠난 그 진리를 깨달아야만 인생의 유일한 목적을 발견할 수 있습니다. 단지 지적으로 이해하는 것만으로는 부족합니다. 우리는 '조건 없는 자유'를 직접 깨달아야만 합니다. 그렇지만 조건 없는 자유 같은 것을 상상하고 그것이 무엇보다 먼저 존재한다는 걸 믿기는 매우 어려운 것이 사실입니다. 설령 그것이 아주 좋아 보인다 해도 말입니다.

그러므로 이미 우리는 조건 없는 자유라는 것이 정말 존재하기는 하는 걸까, 라는 의구심을 가지고 있을지도 모릅니다. 그런 게 있다는 어떤 증거도 없기 때문입니다. 반면에 우리는 얼른 이해할 수 있는 '조건 없는 괴로움'을 더 쉽게 믿습니다. "그래, 나도 그렇게 믿어. 누가 말해 주지 않아도 조건 없는 괴로움이 있다는 걸 알 수 있거든." 설령 실제로는 조건 없는 괴로움이 결코 존재하지 않는다 해도 우리는 아무 어려움 없이 그것을 믿을 수 있습니다. 하지만 조건 없는 괴로움 같은 건 없습니다. 실제로 괴로움은 전적으로 조건에 의존해서 생기기 때문입니다. 그리고 사실 괴로움은 이미 사라지고 있습니다. 이런 인간의 의식은 얼마나 어리석은 것입니까. 우리는 존재하지 않는 것이 존재한다고 믿고, 반면에 정말 존재하는 건 존재하지 않는다고 생각합니다. 세상에는 그런 혼란스러움이 너무 많습니다.

그런 우리 자신에게 연민의 미소를 보냅시다. 실제로 존재하는 것은 '조건 없는 괴로움'이 아니라 '조건 없는 자유'입니다. 하지만 우리의 얽매인 마음은 어쨌든 조건 없는 괴로움만이 존재한다고 진심으로 믿습니다. 게다가 실제 존재하지 않는 괴로움의 제국을 계속 지탱하느라 늘 애쓰고 있습니다. 하지만 괴로움은 변치 않는 근거가 없으므로 이미 허물어지고 있습니다. 따라서 우리가 망상의 굴레를 지탱하고 있는 갈망과 노력을 놓아 버리기만 하면 바로 그 자리에서 괴로움은 허물어집니다.

그러므로 실제로 존재하는 것은 조건 없는 자유입니다. 그것은 단지 관념이 아니며 누구나 경험할 수 있습니다. '조건 없는 자유'라는 말은 우리 의식에는 본디 고통의 근거가 없다는 것을 나타냅니다. 따라서 삶에서 무슨 일이 벌어지든 깨달음의 세계에는 기쁨, 행복, 사랑이 있으며 조건 없는 자유라는 확고부동한 토대가 있는 것입니다. 사실 인생은 좋은 환경과 나쁜 환경이 어울리는 연극과 같습니다. 성공과 실패, 만남과 헤어짐, 태어남과 죽음, 건강함과 병듦, 명예와 비천함 등의 이야기들이 끝없이 이어지는 것이 인생입니다. 그런 허깨비 놀음 같은 인생에서 무슨 일이 일어나든 그것은 중요하지 않습니다. 왜냐하면 우리 마음은 영원히 변치 않는 조건 없는 자유라는 근거에 확고히 뿌리내리고 있기 때문입니다. 그러므로 우리는 언제든 그 깨달음의 세계에 다가갈 수 있습니다. 하지만 먼저 마음을 활짝 열고 영원한 자유 말고는 다른 아무것도 바라지 않는 낯설고 초월적인 마음 상태로 들어가는 법을 배워야만 합니다.

우리가 매일 그렇게 귀의하며 살 수는 없겠지만 일상생활을 하는 중에 때때로 모든 걸 제쳐 놓을 수 있는 순간이 있습니다. 그때 우리는 미움이나 자만뿐 아니라 생각이 끊임없이 지어내는 온갖 이야기까지 모든 의식의 활동을 중단합니다. 또한 아무 이유 없이 머릿속에 떠오르는 갖가지 사소한 생각들 같은 일상적 의식 활동까지 중단합니다. 아무것도 일어나지 않는 의식 상태로 들어가는 것입니다. 이때 유일하게 일어나는 일은 해탈, 곧 조건 없는 자유만을 원하는 것입니다. 우리는 이따금 그런 간절한 바람에 빠져듭니다. 그 바람에는 바다와 같이 많은 차원이 있는데, 그 가장 깊은 차원까지 들어갈 수 있다면 큰 기적이 일어납니다. 마침내 우리는 절대 자유, 조건 없는 자유를 깨닫는 것입니다. 그런데 그때 우리는 조건 없는 자유는 우리가 그리 좋아하지 않았던 것임을 알게 될 것입니다.

우리의 자아에게는 아무것도 원하지 않는다는 것이 정말 못마땅하기 때문입니다. 자아는 그런 깨달음을 싫어합니다. 왜냐하면 자아는 무엇이든 원하는 것을 얻었을 때만 기쁨과 행복을 맛볼 수 있었다고 생각하기 때문입니다. 자아는 그것만을 기억합니다. 따라서 자아는 더 이상 원하는 게 없어도 행복과 기쁨이 있을 수 있다는 걸 이해하지 못하고 상상할 수도 없습니다. 하지만 조건 없는 자유의 상태는 아무것도 바라지 않는 것입니다. 그게 좀 지루해 보입니까? 그것은 어떤 이국적인 곳에 초대 받는 것과 같습니다. 거기가 어디냐고 물으면 이런 대답을 들을 것입니다. "음, 거기엔 호텔이 없습니다. 스파, 수영장, 정원도 없어요. 그리고 음식도 형편없습니다. 사실 거기엔 아무것도 없습니다. 하지만 진심으로 환영합니다. 사실 우리는 아주 오래전부터 당신을 이 멋진 곳에 모시려고 계속 초대하고 있었습니다." 참 이상한 환영 인사 아닙니까?

열반과 깨달음을 가장 직접적으로 잘 설명한 것은 '아무것도 바라지 않는 의식 상태'입니다. 무언가를 바라는 생각이 완전히 그친 것입니다. 사람들은 오래전부터 아름다운 시, 찬송, 도하(dohas, 깨달음을 노래한 인도의 2행시) 등을 통해 깨달은 마음, 즉 순수 알아차림을 표현해 왔습니다. 하지만 열반과 깨달음을 가장 직접적으로 잘 표현한 것은 '아무것도 바라지 않는 의식 상태'라고 할 수 있을 것입니다. 그것은 청정심이며 이미 모든 습성에서 벗어난 마음입니다.

그런데 청정심은 비록 거의 드러나지 않고 있지만 항상 우리 모두의 내면에 있습니다. 그러므로 때로는 청정심이라는 실재를 접하는 일은 믿기 어려울 만큼 쉽습니다. 이런 비유로 말할 수 있습니다. 겨울에 강이 꽁꽁 얼면 강물이 보이지 않게 됩니다. 하지만 두꺼운 얼음 위에 귀 기울여 보면 그 아래서 강물이 흐르는 소리를 들을 수 있습니다. 이렇게 우리의 마음은 얼음에 가려 보이지 않는 강물처럼 개념, 관념, 그리고 고통에 얽매여 있는 것입니다. 하지만 잠시 우리의 내면에 주의를 집중하면, 늘 명확하진 않아도 미세한 기색과 암시가 많다는 걸 알 수 있습니다. 바로 그것이 모든 사람의 내면에 있는 청정심입니다. 때때로 우리는 그저 쉬는 단순한 수행만 하면 됩니다. 완전히 쉴 때 이미 우리는 내면을 깊이 들여다보고 있는 것입니다. 그러면 즉시 모든 생각, 의식의 활동, 모든 허상이 무너집니다. 단 한 순간에 허상의 세계, 자아의 세계, 희망과 절망의 세계, 그리고 태어남과 죽음의 세계가 무너집니다. 그것들은 외부가 아니라 우리의 의식 안에서 무너지는 것입니다.

이렇듯 잠시 살펴보면 매우 놀랍고도 미묘한 근거 없는 근거를 볼 수 있습니다. 그것은 우리의 마음이 아닙니다. 물론 형상도 아니지만 그렇다고 마음도 아닙니다. 그렇지만 우리가 서로 의사소통하기 위해서 그것에도 이름을 붙여 주어야 합니다. 형상이 아니면서 우리가 상상할 수 있는 건 마음이므로 그것을 '청정심'이라고 부릅니다. 청정심은 매우 알아보기 어려워서 우리가 곧바로 "이게 바로 그거야. 영겁의 세월 동안 내가 찾아 헤맸던 게 바로 이거라고." 이렇게 말하기는 어렵습니다. 우리가 헤아릴 수 없는 시간 동안 찾아다닌

것은 다름 아니라 우리의 생각이 그리 대단한 걸 기대하지 않는 아주 보잘것없는 순간에 발견하는 것입니다. 청정심의 본성은 개념을 벗어난 것이어서 때때로 우리는 그것에 대해 아무런 말도 할 수 없습니다. 그래서 우리는 그저 기다리고 또 기다립니다. 우리 마음이 외부에서 그것을 찾기를 멈추고 자연스럽게 우리의 내면으로 깊은 주의를 기울일 때까지 기다려야 합니다. 그러면 마침내 우리가 찾고 있던 진리가 이미 여기 우리 안에 있음을 알게 됩니다.

이런 지극히 단순한 알아차림, 곧 우리 의식의 근거는 항상 우리 안에 있고 언제든 별것 아닌 듯이 미묘하게 드러나서 우리와 만날 준비가 되어 있습니다. 그러므로 우리가 내면을 주시해서 그것을 알아볼 때, 바로 그것이 우리가 찾고 있던 것임을 깨달을 수 있습니다. 어떤 전통에서는 '능숙한 수단', 즉 방편(upaya)을 사용합니다. 그것은 수행과 깨달음의 길을 가기 위해서 많은 고된 일들과 정화를 해야 하는 것입니다. 그리고 대개 스승은 최종 핵심이나 요점을 가르쳐 주지 않습니다. 아직 우리의 마음이 제대로 준비되지 않았기 때문입니다. 아직 우리의 마음은 자신이 찾고 있는 진리 혹은 하느님 혹은 불성이 다름 아닌 순수 알아차림이라는 것을 확신하고 세상에 선포할 준비가 되어 있지 못한 것입니다. 아직 우리의 마음은 너무 단순해서 그런 일을 할 준비가 부족합니다. 게다가 우리의 마음은 좀 신경과민이어서 약간 정상이 아니기도 합니다. 그러므로 수년 간 수련을 하면서 수행의 길을 가야 합니다. 거기에서 많은 혼란과 두통, 기쁨, 보상, 성공과 실패가 생기고, 특히 많은 장애도 일어납니다.

그러던 어느 날 스승이 더없이 높은 가르침을 주는 순간이 옵니다. 스승이 촌철살인의 한마디로 지고의 가르침을 전할 때 우리의 자아는 크게 눈뜨게 됩니다. 그 후 일어나는 일 중 하나는 우리가 '황홀한 실망'을 하게 되는 것입니다. 그것이 '황홀한' 까닭은 우리가 큰 기쁨을 느끼기 때문입니다. 우리가 마음먹기에 따라 진리가 얼마나 단순한지, 해탈이 얼마나 단순한지 알게 되는 것입니다. 반면에 그것이 '실망'인 이유는 우리가 진리에 대해 가지고 있던 모든 거창한 관념, 추측, 전제들을 더 이상 신뢰할 수 없게 되기 때문입니다. 그러므로 그것은 황홀한 실망입니다.

그 과정은 지나칠 정도의 귀의를 필요로 합니다. 그리고 우리의 마음은 쉽사리 진리를 확신하지 못하기 때문에 우리가 찾고 있던 것이 바로 순수 알아차림임을 우리에게 확신시켜 줄 참스승도 필요합니다. 낯선 사람이 갑자기 나타나서 "이봐, 청정심이 진리라네. 자네가 찾고 있는 게 바로 그거야. 단지 쉬기만 하면 순수한 알아차림, 생각 없음, 근거 없는 근거를 느낄 수 있지." 이렇게 말한다고 해서 우리가 금방 그에게 무릎 꿇고 잘 알겠다고 대답할 수 있을까요? 반색을 하며 "예, 맞습니다. 제게 필요한 것이 바로 그거였습니다."라고 말할 수 있을까요? 과연 우리가 그렇게 유연하고 전혀 고집스럽지 않을 수 있을까요?

그러므로 우리는 그렇게 지나칠 만큼 귀의해야만 하고, 모든 어려움을 이겨낸 후, 마침내 진리를 깨달았고 지고의 가르침을 전해줄 준비가 되어 있는 참스승을 만나야 합니다. 그런 아름다운 속임수 곧 방편을 통해서 우리는 마침내 조건 없는 자유가 이미 바로 여기에 있음을 확신하게 되는 것입니다.

알아차림의 기적

07

사랑으로 녹아들다

사랑으로 녹아들다

사랑으로
녹아들다

붓다가 입적한 후 얼마 안 되어 사람들은 그의 가르침을 잊었습니다. 그리고 붓다를 신처럼 숭배하기 시작하면서 그에게 부와 건강, 성공과 자식을 얻게 해 달라고 빌었습니다. 그 후 나가르주나(Nagarjuna, 150?-250?, 용수龍樹, 인도의 승려, 대승불교의 중관 사상을 확립했다.)와 틸로빠 같은 깨달은 스승들이 나타나서 진정한 붓다는 외부가 아니라 우리의 의식 안에 있음을 가르쳤습니다. 붓다를 가리키는 다른 이름은 '지나(jina)'인데, 그 의미는 승리자 혹은 절대 패배할 수 없는 자입니다. 바로 지금 우리 안에 있는 붓다는 내면의 어둠의 힘이나 탐욕, 미움, 집착, 망상의 힘에 결코 굴하지 않습니다. 그리고 형상 없고 순수한 우리의 본질로서 존재합니다.

신성, 신, 붓다, 하느님, 브라흐마(Brahma, 梵天, 힌두교 최고의 신) 등을 찾으려는 바람이 생길 때 우리는 언제나 내면에 주의를 집중해야 합니다. 많은 사람들이 그것을 원하는데, 특히 종교적인 사람들이 더 간절히 찾습니다. 이제부터는 신성함을 찾으려는 바람이 생기면 언제나 즉각 우리의 내면에 전념을 기울여야 한다는 걸 기억하기 바랍니다. 우리가 구하는 모든 것은 이미 우리의 내면에 있음을 알고 또 믿기 때문입니다. 이건 추상적 관념이 아닙니다. 우리 안에는 본래 이름이 없지만 여러 이름으로 부를 수 있는 존재 상태가 있습니다. 그것을 법신(dharmakaya, 法身) 즉 '진리의 몸' 혹은 '불성'이라고 합니다. 이름이 무엇이든 그것은 본질적으로 완전히 깨달은 존재입니다. 이렇게 우리에게는 이미 깨달은 부분이 있으며, 그것이 있는 그대로 우리의 모습이고 우리의 참본성인 것입니다. 한편 우리의 다른 부분은 갈피를 잡지 못하고, 때때로 골치를 썩이고 가슴을 앓는 등 수많은 고통과 괴로움으로 인해 비참합니다. 또 찬란한 허상에 의해 쉽사리 위안을 얻기도 합니다. 하지만 우리의 그 부분은 진정한 우리가 아닌 껍질에 불과하며 머지않아 허물어질 것입니다.

대개 우리는 다른 사람을 볼 때 그의 참모습을 보지 못하고 껍질만을 봅니다. 또 우리 자신을 볼 때도 마찬가지입니다. 그러므로 우리는 남도 자기 자신도 제대로 보지 못하는 것입니다. 대부분의 경우 우리가 자기 자신과 다른 이들의 참모습인 줄 알고 있는 것은 단지 존귀함을 가리고 있는 껍질에 불과합니다. 그것은 근원으로부터 분리되고 길을 잃고 단절된 것이지만, 우리는 대개 자기 자신과 다른 이들에게서 그것만을 봅니다. 그렇게 보이는 '나'와 '너'는 참모습이 아니라 껍질일 뿐이며, 바로 그것이 우리가 겪는 고통과 슬픔의 토대입니다.

우리가 바로 지금 자유로워지고 사랑의 바다에 뛰어들기 위해서는 우리의 내면에 주의를 집중해야 하는데, 그것은 우리 뜻대로 잘 안 될지도 모릅니다. 왜냐하면 우리의 참본성을 가리고 있는 껍질이

자 거짓 이미지인 '나'라는 인식이 장애가 되기 때문입니다. 그러므로 모든 수행의 목표는 미래가 아니라 바로 지금 우리의 이미 깨달은 부분을 실제로 자각하는 것입니다. 그런데 많은 영적 탐구자, 승려, 사두, 수행자는 죽음 이후의 해탈이나 구원만을 찾고 있습니다. 사람들은 선행을 하면 미래에 더 좋은 곳에 환생할 수 있고, 천국 혹은 극락에서 태어나게 된다고 생각했습니다. 그처럼 우리의 마음은 항상 '해탈'이나 '깨달음' 같은 것을 붙잡기 위한 방법과 수단을 알아내려고 애쓰고 있습니다.

하지만 카비르(Kabir, 1398-1498, 인도의 신비주의자)가 말했듯이 "이른바 구원이란 우리가 죽은 후에 일어나는 게 아닙니다." 구원과 해탈은 죽음 후에 일어나는 것이 아니고 죽음 이전에 일어나는 것도 아닙니다. 그것은 오직 지금 이 순간에만 있습니다. 사람들이 오랫동안 찾아온 구원, 해탈, 열반 등은 어떤 시간에 일어나는 게 아닙니다. 그것은 과거에 일어난 것도 아니고 미래에 일어나는 것도 아닙니다. 그것은 바로 여기서 전개되고 있는 지금 이 순간에만 있는 것입니다.

이렇게 현재에 집중하면 우리의 영성이 변하기 시작합니다. 그리고 신, 붓다, 깨달음 등에 대한 우리의 관점도 변하기 시작합니다. 큰 전환이 일어나는 것입니다. 우리 마음에서 인식체계의 전환이 일어나고 우리 삶 자체가 변하기 시작합니다. 그 변화는 나빠지는 게 아니라 좋아지는 것이고, 단지 좋아지는 게 아니라 최고가 되는 것이며, 그저 최고가 아니라 지고의 경지를 향하는 것입니다.

그러므로 우리는 온 마음을 다해 내면에 주의를 집중해야 하고, 내면의 경이로움을 가리고 있는 모든 것을 걷어내야 합니다. 바로 지금 이 순간 그것을 보고 인식해야 합니다. 다음 순간도 아니고 먼 미래의 순간도 아닌 바로 지금 이 순간 그래야 합니다.

제가 몸담고 있는 티베트 전통에는 '응오 되(ngo drö)'라는 가르침 혹은 방법이 있습니다. 그것은 우리가 바른 스승을 만나면 그는 모든 분석과 관념과 이론의 올가미를 잘라 버리고 온갖 형식적 수행법도 없애버린 채 바로 그 자리에서 즉시 우리의 고귀한 본성을 보여준다는 의미입니다.

깨달음을 얻을 수 있다고 말하는 여러 가지 방법들과 신앙 체계가 있지만, 결국 그것들은 아무 소용이 없습니다. 그리고 그것들이 반드시 필요한 것도 아닙니다. 사실 우리는 그리 절망적인 상태가 아니기 때문입니다. 우리가 가야 할 길은 이미 포장되어 있고 깨끗이 치워져 있습니다. 우리가 곧 알아보게 될 것은 이미 항상 우리 마음의 무대에서 춤추고 있습니다. 그 이름 없는 경이로운 진리, 그 현존, 그 알아차림은 항상 우리를 찾아오고 있습니다. 그것은 늘 우리와 합일되기를 원하기 때문입니다.

그런데 우리의 내면으로 들어가 보면 놀랍게도 가장 아름다운 진리를 알지 못하게 가로막는 것은 언제나 외부가 아니라 바로 우리 안에 있음을 알게 됩니다. 우리 안에서 매우 얇고 일시적인 베일이 진리를 가리고 있는 것입니다. 인간의 마음은 그저 모든 것을 잃고, 그저 모든 것을 내려놓고, 정신적 위축과 긴장을 녹이는 일을 어려워하고 실상이 표현된 것을 쉽게 사랑하지 못합니다. 그래서 우리는 죽음과 태어남을 두려워하지 않기, 성취하거나 성취하지 못한다는 생각을 두려워하지 않기, 그리고 열린 마음으로 모두를 감싸 안기 등을 쉽게 하지 못합니다. 그것이 그토록 어려운 까닭은 인간의 마음은 완고하고 위축되기를 원하고 항상 분석과 관념이라는 잔인한 올가미에 빠지기를 원하기 때문입니다. 그래서 치밀한 전략을 세우고 고된 수고를 하고 때론 열심히 수행을 하기도 합니다. 그런 마음은 중독된 상태이고, 그것이 모든 괴로움의 주된 원인입니다.

하지만 우리가 약간만 태도를 바꾸어서 내면에 주의를 집중할 수 있으면 어떤 바람이나 열망도 버릴 필요가 없습니다. 하느님이나 깨달음에 대한 바람, 스승에 대한 귀의 등을 포기할 필요가 없습니다. 때로는 그런 것들을 놓아 버리기가 정말 어렵습니다. 그러므로 그것들을 포기하지 않아도 됩니다. 다만 우리는 내면에 주의를 집중하면 됩니다. 스승도 우리 안에 있고, 붓다도 우리 안에 있고, 브라흐마도 신성도 모두 우리의 내면에 있기 때문입니다. 우리의 주의를 내면에 집중하는 순간 우리의 수행이 변합니다. 이제 우리는 수행할 때 사랑과 진리의 강을 만날 가능성조차 없는 관념의 사막을 더 이상 헤매지 않게 됩니다. 우리의 수행은 외부의 다른 장소로 가는 게 아니라 지금 여기서 이미 일어나고 있는 해탈을 향한 여행이 되는 것입니다.

스승에게 귀의하고 있다면 그것을 포기하지 말고 다만 스승은 외부가 아니라 우리 안에 있음을 반드시 기억하십시오. 매우 아름다운 티베트어 '랑릭 된기 라마(rang rig don gyi la ma)'의 의미는 우리의 순수 알아차림이 곧 궁극적 스승이라는 것입니다. 우리를 가로막는 것을 주의 깊게 살펴보면 아주 얇은 베일밖에 없음을 알 수 있습니다. 그리고 그 얇은 베일의 토대는 '내가 있다'라는 느낌입니다. 그런데 '나'라는 느낌을 들여다보면 그것은 단지 우리의 깊은 의식 속에 흐르고 있는 생각일 뿐입니다. 하지만 그것은 잘못된 생각에 지나지 않으며 우리의 참모습을 잘못 알고 있는 견해에 불과합니다. 그게 전부입니다.

어느 분이 동사 '나에 집착한다(selfing)'라는 말을 사용한다고 합니다. 그 말은 우리가 자신의 참모습을 가리는 껍질 같은 허상을 지어

내고 유지하는 걸 아주 정확히 나타냅니다. 실제로 대부분의 사람들은 하루 종일 나에 집착하기를 하고 있습니다. 우리가 자기 자신일 때 실은 온종일 나에 집착하기를 하고 있는 것입니다. 거울을 보며 "어휴, 머리 모양이 이게 뭐야?"라고 말하는 것이 바로 나에 집착하기입니다. 또 친구에게 "나는 그 사람이 싫어." 혹은 "그 사람은 남을 잘 배려해 줘. 그 사람이라면 함께 지내고 싶어. 그 사람과 함께하면 좋은 일이 생길 거야."라고 말하는 것도 나에 집착하기입니다. 우리가 언제나 이런 습성에 사로잡힌 채 살고 있음을 알 수 있습니까? 끊임없이 나에 집착하기를 하고 있음을 알 수 있습니까? 한편 우리는 사원에 가서 신에게 성공하게 해 달라고 빌고, 누구보다도 먼저 구원받게 해 달라고 기원합니다. 그것은 다른 방식의 나에 집착하기입니다. 그것은 아름다운 방식의 나에 집착하기이므로 '경건한 나에 집착하기'라고 합니다. 하지만 그것도 우리의 참모습을 제대로 보지 못하게 만들기 때문에 역시 나에 집착하기일 뿐이며 순수 알아차림과는 전혀 다른 것입니다.

그러므로 헤아릴 수 없이 긴 세월 동안 때로는 아름답고 때로는 끔찍한 나에 집착하기의 과정이라는 악순환을 통해 인간성이 상실되어 왔습니다. 하지만 붓다, 나가르주나, 파드마삼바바(Padmasamb-hava, 생몰년 미상, 8세기경 인도의 탄트라불교를 처음으로 티베트에 전해 주었다.), 마칙 랍된(Machig Labdron, 1055-1153, 티베트의 위대한 여성 성자로 망상을 단숨에 잘라 버리는 초드 수행법을 가르쳤다.)같이 뛰어난 사람들은 나에 집착하기를 중단하고 악순환으로부터 벗어날 수 있었습니다. 물론 불교만이 아니라 모든 전통에 그들처럼 용감하게 나에 집착하기의 악순환을 끊은 뛰어난 사람들이 많이 있었습니다. 그리고 이제 우리도 그런 사람들 중 하나가 될 수 있습니다.

그러므로 '나를 내려놓기(unselfing)'가 진정한 수행입니다. 대다수 사람들은 나에 집착하기의 과정밖에 모르기 때문에 나를 내려놓기가 무엇인지 모릅니다. 그래서 그들의 마음은 나에 집착하기라는 망상에 젖은 현실에만 머물러 있습니다. 그들은 끊임없이 나에 집착하기를 하고 있습니다. 하지만 마침내 내면으로 주의를 돌리는 지혜가 생기면, 우리는 모든 것을 외부가 아니라 우리의 내면에서 찾고자 하는 바람을 가지게 됩니다. 또 결코 다른 때가 아닌 항상 지금 이 순간의 구원을 원하게 됩니다. 이어서 그런 바람이 매우 간절해지면 또 전념이 일어납니다. 전념은 우리의 바람을 따르므로 바람에 의해 전념이 생기는 것입니다. 그러면 무언가 놀라운 일이 일어나서 우리는 불성이나 알아차림, 열린 마음, 해탈, 지고의 진리의 맛에 더 가까워질 수 있습니다. 우리는 해탈을 언뜻 맛볼 때마다 그 모두를 실제로 경험하기 시작합니다. 바로 그것이 나를 내려놓기의 과정입니다.

그러므로 체험을 통해 나를 내려놓기를 이해했다면 곧 진리를 인식한 것입니다. 우리는 진리를 잠시 맛보고 우리의 참본성을 깨달은 것입니다. 그때부터 계속 우리의 의식에서 아름다운 춤이 일어납니다. 그 춤은 무지와 알아차림이 함께 추는 춤이며, 집착하는 나와 내려놓은 나 사이의 춤입니다. 그것은 우리가 알아차림 속에서 나를 내려놓기를 하고 있는 순간과 무지 속에서 나에 집착하기를 하는 순간 사이를 오가는 아름다운 춤입니다. "지금 나는 나에 집착하기를 하고 있으니 다가오지 마세요. 나에 집착하기를 하고 있는 나는 지금 좋은 사람이 아니에요." 혹은 "아! 지금 나는 나를 내려놓기를 하고 있어요. 이리 와서 나와 함께 차를 마셔요. 나는 사랑하고 있고 녹고 있어요. 지금 나는 해롭지 않고 평화로워요." 이렇게 집착한 나와 내려놓은 나 사이의 놀라운 춤은 오래 계속될 것입니다. 그 아름다운 춤 이상의 다른 희망을 가지려 애쓰지 마십시오. 우리에게 필요한 건 바로 그 춤입니다. 아주 드물게만 일어나는 어떤 위대하고 영원한 해탈을 갈망하느라 애쓸 필요가 없습니다. 우리는 언제까지나 변함없이 나를 내려놓기를 할 수는 없습니다. 그러니 영원한 해탈을 만날 것이라고 기대하지 마십시오. 그것은 우리가 중단 없이 영원히 지고의 알아차림 속에만 머물러 있을 수 있다는 생각입니다. 그런 영원한 해탈이 가능하기는 하지만, 그것을 너무 기대하면 거기에만 주의를 기울이게 되어 알아차림과 무지 사이의 아름다운 춤을 즐길 수 없게 됩니다.

우리는 무의식적으로 자꾸 무지의 습성에 빠지고 자아의식을 만들어 내려고 합니다. 하지만 자아의식은 내면에서 매우 고통스럽습니다. 우리는 자아 속에서 위안, 즐거움, 안전하다는 느낌을 즐기는 경우도 있지만, 그것을 차분히 들여다보면 불안, 두려움, 고통이 있습니다. 이를테면 우리가 돈을 많이 벌거나 높은 학문적 성취를 이루는 것처럼 외부에서 무언가를 얻어서 위안을 느낀다면, 위안이 있는 것입니다. 또 자신이 매우 건강하다는 걸 알고, 남들이 우리더러 굉장하다고 말해 주고, 자신이 매우 똑똑하고 강하고 경제적으로 매우 안정적임을 알 수도 있습니다. 그런 위안이 있을 때, 자아 속에서 실제로 위안이 일어나고 있으므로 우리는 쉽사리 그 위안에게 속임을 당합니다.

하지만 그 위안의 근본 실상을 살펴보면, 그것은 위안이 아니라 불안입니다. 그것은 역겨울 만큼 맛이 나쁩니다. 자만심은 어떤 형태라도 매우 역겨운 맛이 나기 때문입니다. 자만심, 안전함을 바라는 마음, 불안은 마치 농약에 씨든 땅에서 난 음식 같아서 깨끗하지 못하고 맛이 나쁩니다. 우리는 그런 위안이 아니라 유기 농산물 같은 수행을 해야 합니다. 그러므로 지금 당장 환경운동에 뛰어드는 것처럼 지고의 영성을 추구해야 합니다. 그리고 더 이상 위안으로 도피하지 말아야 합니다. 왜냐하면 그런 위안은 사실 불안으로 가득 차 있기 때문입니다. 우리가 가진 것을 모두 잃을지도 모른다는 두려움이 있습니다. 또 '나는 존재한다', '나는 안전하다', '나는 대단하다'와 같이 우리가 만들어 낸 '나'라는 그릇된 태도에 대한 두려움이 있습니다. 그런데 그것은 이미 허물어지고 있습니다. 우리는 깊은 의식 속에서 그것을 알고 있으므로 말을 하지 않더라도 불편과 불안을 느끼는 것입니다.

우리가 명상하고 기도할 때 '나를 내려놓기'가 일어납니다. 나를 내려놓기는 매우 아름다운데, 그 이유는 애쓰지 않아도 자아가 사라지는 가운데 '녹기(melting)'가 일어나기 때문입니다. '녹다'는 수행 전통에서 사용하는 용어가 아니고 새로 만든 것이지만 적절한 의미를 나타냅니다. 우리가 녹습니다. 두려움이 녹습니다. 우리의 슬픔, 위축, 가식, 수동적 공격성과 희망까지 모두 녹기 시작합니다. 우리의 마음이 꾸미는 전략도 모두 녹기 시작합니다. 즉 성공하려는 전략, 신에게서 우리가 원하는 것을 얻어 내기 위한 전략도 녹고, 마치 어떤 물건이나 보상인 것처럼 미래의 어느 날 깨달음을 얻으려 하는 전략도 녹습니다. 나를 내려놓기를 하는 바로 그 순간 우리는 고통 없이 황홀함 속에서 그 모든 전략들을 잃어버리는 것입니다.

아마도 우리의 마음은 그렇게 우리가 목격하는 것을 어떤 말로도 설명하기를 원하지 않을 것입니다. 그것이 자아에게는 매우 두렵습니다. 왜냐하면 자아는 늘 정확한 언어와 꼼꼼히 따지기를 원하는 습성이 있기 때문에 자신이 녹는다는 것은 너무 어중간해 보이기 때문입니다. 자아는 어중간한 걸 싫어하고 명확한 경계와 울타리를 좋아합니다. 그래서 이를테면 이웃해서 살고 있는 불자와 그리스도교인 사이에 높은 울타리를 쳐서 분명히 구분하고 싶어 합니다. 자아는 익숙하지 않은 언어를 받아들일 수 있는 열린 마음이 없기 때문입니다. 그러므로 녹는다는 것은 매우 어중간하지만 아주 실제적인 것입니다. 녹는 것이 곧 깨달음이기 때문입니다.

그러므로 수행의 핵심은 단지 녹이는 것입니다. 우리가 누구이고, 어디로 가고 있고, 무엇을 하고 있는지에 대한 생각들을 모두 녹이는 것입니다. 그저 모든 걸 녹입니다. 그때 녹는 것은 우리의 참본성이 아니라 고통스러운 자아입니다. 그러면 우리는 슬픔이 없는 내면의 대지, 영원한 근거에 다다를 수 있습니다. 그것은 언제나 여기에 존재하고 있기 때문입니다.

우리는 온 마음을 다해
내면에 주의를 집중해야 하고
내면의 경이로움을 가리고 있는
모든 것을 걷어내야 합니다.
다음 순간도 아니고 먼 미래의 순간도 아닌
바로 지금 이 순간 그래야 합니다.

초월적 법열

초월적
법열

붓다는 괴로움의 근원에서 벗어나는 법을 알게 되었다고 말했습니다. 그것이 그의 가르침의 핵심입니다. 그리고 괴로움을 벗어나려면 열반이라는 완전한 섬으로 가야 한다고 말했습니다. 열반은 우리 내면의 섬이라고 합니다. 그러므로 우리는 열반으로 감으로써 문제투성이인 생각 속의 세상으로부터 벗어날 수 있는 것입니다. 자유로워지고 내면의 열반에 이르는 건 좋아 보입니다. 물론 그것은 현실도피와는 전혀 다르고, 오히려 그 반대입니다.

이따금 우리는 그침 없는 투쟁이 넘쳐 나는 것으로 보이는 이 세상에서 벗어나고 싶다는 바람을 느낍니다. 사람들이 아쉬람이나 절에 가서 기도하고 염불하는 이유 중 하나는 그런 현실에서 벗어난 의식 상태를 경험하려는 것입니다. 그런데 어떤 이들은 비유가 아니라 실제로 현실 사회로부터 도피하기도 합니다. 우리가 고통의 세계를 벗어나서 갈 수 있는 곳은 우리 밖의 어떤 곳이 아니라 우리의 내면입니다. 붓다는 곧바로 그곳으로 가는 바른길을 가르쳐 주었습니다. 우리 안에 있는 그 의식의 영역에는 내적 한계가 없습니다. 그것은 법열의 땅이고, 우리가 준비되어 있다면 쉬기에 가장 좋은 섬입니다.

이 세상에서 진정으로 벗어나는 길이 있습니다. 그것은 물리적 세계가 아니라 우리의 의식이 만든 매우 고통스러운 가상 세계인 거짓 현실로부터 벗어나는 것입니다. 하지만 우리는 대부분의 시간을 그 거짓 현실 속에서 헤매며 살고 있기에 순간순간 실제 일어나는 일을 있는 그대로 볼 줄 모릅니다. 창밖에서 지저귀는 새소리를 듣고 감탄하는 법을 잊어버렸습니다.

우리가 벗어나기를 원하는 것은 바로 우리의 의식이 만들어 낸 망상의 세계입니다. 그리고 거기서 완전히 벗어나는 것은 곧 우리 안에 잠들어 있는 의식을 깨닫는 것입니다. 그 놀라운 사랑의 근원에서 우리는 진정한 자유의 잔치를 벌일 수 있고 한없는 진리를 느낄 수 있습니다. 또 거기엔 경계가 없으므로 우리는 만물의 합일을 인식하고 우리의 마음에 모든 존재를 얼싸안을 수 있습니다.

불교에서는 그 의식을 '불성'이라고 합니다. 붓다의 가르침은 다른 여러 지혜 전통의 위대한 스승들의 가르침들과 크게 다르지 않습니다. 궁극적으로 우리가 수행을 하는 목적은 진리를 발견하고, 끝없이 반복되는 문제에서 벗어나려는 것입니다. 우리는 바로 지금 불성을 깨달을 수 있지만, 그 깨달음의 체험은 결코 말로 표현할 수 없습니다. 그것은 초월적 법열이기 때문입니다. 사람들은 여러 가르침들 속에 나오는 행복과 기쁨에 대해서는 말하지만, 간혹 법열에 대해서는 전혀 말하지 않습니다. 아마도 많은 사람들은 초월적 법열을 그리 명확히 알아차리지 못하고 있는지도 모릅니다.

법열이란 곧 불성을 깨닫는 체험입니다. 그것은 기쁨이나 행복을 넘어선 초월적 법열입니다. 탄트라불교에서는 초월적 법열을 '지극한 기쁨(mahasukkha, 大樂)'이라고 합니다. 그렇게 부르는 까닭은 우리의 의식이 초월적 법열과 일상의 행복을 혼동하기가 쉽기 때문입니다. 초월적 법열은 우리에게 매우 낯섭니다. 초월적 법열에 온전히 머물 수 있을 때 우리는 전혀 제한되거나 분열되지 않고 사랑과 자비와 기쁨이 흐르는 걸 느낄 수 있습니다. 반면에 우리가 단지 좁은 '나'에 머무는 자아의식은 건강한 의식 상태가 아닙니다. 그것은 분열되고, 헤매고, 분리된 의식 상태입니다. 그런 제한된 자아의 허상에 대한 관념적 집착을 떨쳐 내는 것이 초월적 법열입니다.

초월적 법열이란 내면의 경계와 속박에서 자유로워지는 체험입니다. 초월적 법열의 상태는 순간마다 완전히 자유롭고, 한없는 사랑과 자비를 자유롭게 나타내며, 지극한 기쁨을 마음껏 표현하는 것입니다. 그러므로 초월적 법열은 무엇과도 비교할 수 없이 가장 큰 행복입니다. 또 우리 안에 있는 사랑과 자비와 기쁨의 보물인 초월적 법열은 남들에게 아무리 많이 나누어 주어도 결코 고갈되지 않습니다. 오히려 그 무궁무진한 보물을 아낌없이 나누어 줄 때 우리는 초월적 법열을 체험할 수 있습니다. 그것을 남들에게 주고, 퍼뜨리고, 발산해서 우리의 의식이 더 이상 이원성의 감옥에 갇히지 않을 때 우리는 초월적 법열을 체험할 수 있는 것입니다.

하지만 대개 우리의 의식이 '나'라는 허상에 얽매여 있기 때문에 우리는 초월적 법열을 경험할 수 없습니다. '나'라는 허상이 우리의 의식을 이원성의 감옥, 개념과 관념의 감옥에 가두어 두고 있는 것입니다. 그래서 대다수 사람들은 자아의 허상에 얽매여 있는 의식밖에 경험하지 못합니다.

간혹 수행의 길을 찾는 사람들이 있지만, 그것은 다시 자아가 다른 형태의 감옥, 이원성의 감옥, 개념과 관념의 감옥에 우리의 의식을 계속 가두는 참 낯설고 교활한 방식인 경우도 있습니다. 그렇게 의식을 얽매는 족쇄를 모두 끊어야 초월적 법열이 찾아올 수 있습니다.

그 족쇄를 모두 끊고 모든 개념과 관념을 잃어버리는 것은 자아에게 심각한 위협으로 느껴지지만, 모든 관념을 놓아 버려야 초월적 법열의 무한한 토대에 다다를 수 있습니다. 여기서 초월적 법열은 어떤 종교적 · 신비적 경험이나 일시적으로 바뀐 의식 상태도 아니고 우리의 의식에 어떤 영향을 주어서 발생하는 것도 아닙니다. 그것은 의식의 순수한 상태일 뿐입니다.

관념에 빠져 헤매는 건 지루합니다. 모든 한계에서 자유로워지고 어떤 말이나 관념으로도 표현할 수 없는 큰 진리를 사랑하는 것이 훨씬 더 생생하고 흥미롭습니다. 그 진리는 특정 집단이나 일부 구도자들에게만 한정된 것이 아닙니다. 수많은 경전들이 나타내려고 하는 것이 바로 그 본질적 진리입니다.

우리는 모든 존재들을 향한 한없는 사랑으로 신의 바다와 진리의 바다에서 순간순간마다 춤을 춥니다. 그리고 우리가 초월적 법열이 되면 제한된 의식은 죽고 더 이상 과거의 제한된 '나'에 얽매이지 않습니다. 그래서 희망과 두려움, 옳음과 그름, 선함과 악함 등 이원성과 의식의 한계에 의해 분열된 몹시 완고한 '나'로부터 자유로워집니다. 그것이 모든 수행의 궁극적 목표입니다.

초월적 법열을 체험하는 건 모든 한계를 뛰어넘는 것입니다. 그 길은 매우 아름답고 또 더없이 단순합니다. 불성으로 가는 길은 곧 불성인 것입니다. 이것은 물론 그리 합리적인 대답이 아니지만, 불성으로 가는 길은 불성 자체입니다. 우리가 불성을 깨닫고자 열망하는 바로 그 순간 속에 개념을 뛰어넘어 불성으로 들어갈 수 있는 길이 있는 것입니다.

한 티베트 스승은 곧상 불성으로 들어가는 바른길을 다음과 같이 아름답게 표현했습니다. "막힘없는 현재의 마음이 탁월하고 영원한, 우리 안에 있는 붓다이다. 그 본질은 공(空)하고 청정한 것이다." 이는 우리가 불성, 즉 내면의 합일 의식을 발견하기 위해서는 그것이 이미 우리의 의식 안에 있음을 깨닫기만 하면 된다는 의미입니다. 그러므로 우리는 현재의 마음에서 불성으로 가는 길을 찾을 수 있습니다. 우리는 지금 이 순간의 마음만 보면 됩니다. 얼마나 간단합니까.

잠깐 멈추어 쉬면서 현재의 마음을 바라볼 때 우리는 어떤 전환이 일어남을 느낍니다. 그 순간 놀라운 사라짐이 일어납니다. 우리가 이전에 가지고 있던 현실에 대한 관념이 모두 공으로 사라지고 막힘없는 불성이 드러나는 것입니다. 우리가 얽매이지 않고 순수하고 빛나는 마음인 불성에 계속 머물면, 순수 알아차림인 현재의 마음이 곧 커다란 사랑의 근원이며 고갈되지 않는 깨달음의 보물임을 발견하고 깨닫게 됩니다. 정말 간단하지 않습니까.

어떤 이들에게는 "현재의 마음을 보라."는 말이 큰 의미를 주지 않지만, 바로 그 가르침이 깨달음의 문을 여는 열쇠입니다. 그것이 아니면 깨달음으로 가는 길을 보여 줄 수 없기 때문입니다. 그 말이 궁극적으로 불성과 합일되는 바른길을 가장 정확히 나타냅니다. 더 정확한 말은 없습니다. 우리가 더 이상 관념적 가르침을 찾아다니지 않고 개념을 뛰어넘은 가르침에 마음을 활짝 연다면 그 말이 가장 정확합니다. "현재의 마음을 보라."는 가르침은 아름다운 생각이나 사상을 전해 주는 것이 아니라 내면의 섬인 열반을 맛보고 체험하는 것에 초점을 맞추는 것입니다.

알아차림의 기적

09

생각 쉬기

생각
쉬기

여러분은 의식입니다. 나도 의식입니다. 의식은 크기, 색, 모양, 위치가 없으므로 근거가 없다고 합니다. 어떤 이들은 의식이 우리 안에 있다고 생각하지만, 그것은 매우 협소한 관점입니다. 의식은 어디에나 있기 때문입니다. 우리가 의식 안에 살고 있고, 우리가 곧 의식입니다. 우리의 의식은 끊임없는 놀이를 즐깁니다. 그런데 간혹 그 놀이가 의식 자신이 여러 모습으로 나타난 것임을 잊은 채 자신으로부터 분리된 것이라고 믿기 때문에 헤매게 됩니다. 바로 그 망각이 갈등, 문제점, 투쟁을 낳고 끊임없이 반복되게 하는 근본적 망상인 것입니다. 하지만 의식은 깨달음에서 분리되어 있지 않기 때문에 우리의 의식은 불현듯 자신을 알아차릴 수 있고 망각에 의해 만들어진 족쇄를 끊을 수 있습니다.

의식이 광대한 놀이를 하는 가운데 망상과 알아차림이 모두 생깁니다. 알아차림이 생기면 해탈과 열린 마음과 사랑이 드러납니다. 반대로 의식에서 망상이 일어날 때는 악몽 같은 슬픔이 시작됩니다. 하지만 그 근본에는 오직 의식만이 있을 뿐입니다. 깨달음과 얽매임, 행복과 괴로움은 모두 우리의 의식 속에서 생기는 것입니다. 망각에 빠진 의식 상태인 망상으로부터 해방되는 유일한 길은 단지 그 사실을 알아차리는 것입니다. 우리의 의식은 망상에 빠졌을 때, 다시 깨어나기 위해서 필요한 외적·내적 조건을 취합니다. 이를테면 바른 가르침과 수행의 길에 연결되는 것입니다. 그러므로 오랜 전통들에서는 스승과 제자의 관계가 핵심적 역할을 합니다.

참스승은 우리가 깨달음을 얻기만을 바랍니다. 참스승은 우리의 본래면목과 내면의 순수의식을 비추어 주는 맑은 거울과 같은 역할을 합니다. 그는 우리에게 아무것도 주지 않고, 자신이 구원자라고 말하지도 않습니다. 참스승은 우리로 하여금 우리의 참모습 아닌 모든 것을 놓아 버리게 하는 여건을 조성할 뿐입니다. 그래서 결국 우리의 순수 존재만 남게 됩니다. 그런 참스승을 만날 수 있다면 정말 큰 행운입니다.

우리가 온 마음으로 계속 진리를 구하면 참스승이 우리를 찾을 것입니다. 참스승은 어떤 환경이나 도전 등 여러 가지 모습으로 나타납니다. 어떤 경우에는 단지 다른 사람이 염불하는 소리를 듣는 것만으로도 불현듯 진리를 깨달을 수 있습니다. 반면에 우리가 안전하다는 느낌, 인정, 신앙 체계 같은 것만을 찾으면 자칫 잘못된 스승을 만나기 쉽습니다. 그러면 우리는 자유로워지기는커녕 속박당하게 됩니다. 하지만 대개 우리는 자신이 무엇을 하는지 알지 못한 채 무의식적으로 그런 것을 찾아다닙니다. 마치 몽유병 환자가 자신도 모르게 절벽을 향해 가는 것과 같습니다.

깨달음을 얻으려면 반드시 매일 수행을 해야 합니다. 여러 수행에는 대개 어떤 명상법이 있기 마련이지만 아무 형식이 없는 경우도 있습니다. 우리는 수행을 통해 우리에게 무의식적 습성과 과정이 있음을 알아차리고 그것을 명확히 볼 수 있게 됩니다. 그런 알아차림에 의해 자연히 우리의 의식을 가리고 있는 어둠이 걷히고 우리가 본래 타고난 깨달음이 빛나게 됩니다. 우리가 타고난 깨달음은 무언가를 더 개선할 필요도 없습니다.

우리가 이따금 인생을 뒤바꿀 정도의 심오한 통찰을 얻는다 해도 여전히 우리의 마음은 습성에 젖고 망상에 빠져 있습니다. 그런 마음을 정화하는 것이 바로 수행입니다. 우리의 마음은 여러 겹의 무의식적 습성으로 뒤덮여 있지만, 우리가 그 정체를 알아차리는 순간 그 습성은 힘을 잃어버립니다. 마음의 습성이 만들어진 숨겨진 과정이 밝혀지기 때문입니다. 바로 그것이 붓다가 말하는 '정화'입니다. 진정한 수행이란 우리의 마음이 습성과 망상에 빠져 있음을 잊지 않고 그것을 명백히 보면서 쉬는 것입니다. 많은 스승들은 우리가 매일 생활하면서 늘 수행하지 않으면 설령 놀라운 진리를 잠깐 볼 수는 있어도 지속적인 마음의 정화는 이루어질 수 없다고 말했습니다.

물론 승려나 수행자가 아닌 보통 사람들도 간혹 놀라울 정도로 깊은 통찰을 얻을 수 있지만, 그것만으로는 우리의 삶을 크게 변화시킬 수 없습니다. 그때 우리는 단지 곁에 있는 사람에게 진리를 얼핏

보았다고 말할 수 있을 뿐입니다. 그것은 가장 고상한 자랑이지만, 우리는 다른 자랑할 것이 없을 때에야 비로소 깨달음을 자랑할 수 있습니다. 대승불교에서 수행하는 어떤 이들은 종종 진정한 통찰을 얻었다고 주장합니다. 꾸며서 말하는 게 아닌 그들의 주장은 매우 믿을 만합니다. 진리는 그리 멀지 않은 곳에 있으므로 정말로 진리, 공(空), 만물의 합일을 언뜻 본 사람들이 있습니다. 하지만 대개 우리는 개념과 관념의 세계에서 헤매고 있습니다. 우리는 끊임없이 투쟁하고 있고, 망상과 슬픔, 분노, 미움, 외로움, 불안, 시기심, 경쟁심의 바다에서 허우적거리고 있습니다. 그래서 삶에서 평화와 마음의 평정을 찾아 누리지 못합니다. 하지만 사실 행복과 고통, 깨달음과 속박 등은 모두 우리의 의식이 하는 화려한 놀이일 뿐입니다.

불교에서는 우리가 겪는 모든 문제들의 근원은 근본적 무지의 의식 상태인 무명(avidya, 無明)이라고 합니다. 그렇다면 우리는 '원죄'라는 악의 제국과 싸울 필요가 없으니 좀 안심이 되기도 합니다. 단지 일종의 망각 상태인 무명을 해결하면 되는 것입니다. 그런 망각이 생기는 이유는 수많은 현상들과 현실로 여겨지는 것들이 단지 우리의 의식이 하는 놀이임을 우리가 잊고 있기 때문입니다. 그런 망각에 빠진 의식은 점점 더 꽉 조여지고 위축되어서 결국 마음속의 드넓은 공간을 모두 잃어버리게 되고, 우리는 지옥에 빠진 것이나 다름없는 처지가 됩니다. 우리가 스스로 그것을 만들었음을 깨달을 때까지 그 지옥은 사라지지 않습니다.

티베트불교의 스승 짱빠 갸리(Tsangpa Gyari)는 "마음을 쉴 줄 아는 사람에게 지극한 기쁨이 찾아온다."고 말했습니다. '지극한 기쁨'이란 순수한 기쁨을 의미합니다. 알아차림이란 삶 자체이며 우리에게 끊임없이 자비를 베풀어 주는 존재입니다. 그러므로 주의 집중 명상은 가장 효과적인 수행입니다. 주의 집중 명상을 통해 우리는 판단하거나 집착하지 않고 매 순간을 알아차릴 수 있고, 그 알아차림 속에서 우리의 의식은 쉴 수 있고 깨어날 수 있기 때문입니다. 알아차림이란 생각이나 감정 속에서 헤매지 않는 마음 상태입니다. 그때우리는 자아가 곧 자신이라고 여기는 잘못된 생각으로부터 순수한 바라봄으로 근본적인 전환을 이룰 수 있습니다. 그런 마음 상태는 때때로 한 생각이 일어났다 사라지고 다음 생각이 일어나기 전의 공백 같은 대상에 집중할 때 생깁니다. 생각의 흐름에 휘말리지 않고 존재의 일체성에 잠기는 것입니다. 그렇게 주의 집중하는 가운데 커다란 탈바꿈이 일어나서, 갑자기 슬픔이 기쁨으로 바뀌고 미움은 사랑으로, 내면의 어둠은 밝은 이해로 변합니다.

주의 집중의 반대는 마음속 세계에 빠져서 고통과 슬픔, 괴로움 같은 위축된 의식 상태에 집착하는 것입니다. 이렇게 마음이 위축되면 아무것도 없는 데서 괴로움과 투쟁의 세계인 윤회가 생깁니다. 우리 의식에서 괴로움이 일어나는 것은 구름 한 점 없던 푸른 하늘에서 갑자기 천둥, 우박, 번개가 발생하는 것과 같습니다. 그것은 단지 우리 마음이 생각과 관념과 감정으로 인해 몹시 위축되기 때문에 생기는 것입니다.

붓다도 주의 집중 명상, 곧 '전념'이 시대를 초월한 직접적인 수행이라고 가르쳤습니다. 그것은 특정 종교에 국한된 수행이 아닙니다. 붓다의 가르침에 따르면 전념에는 바른 전념과 그른 전념이 있습니다. '그른 전념'이란 단지 집착하는 것이며, 심하면 강박적 집착이 됩니다. 그른 전념은 우리를 허상의 세계에 얽매어서 같은 실수를 몇 번이고 되풀이하게 합니다. 우리는 종종 세상이 잘못되었다거나, 우리 자신이 잘못되었다거나, 옷이나 자동차, 생활, 머리 모양이 잘못되었다고 믿습니다. 그때 우리가 그 잘못된 것에 주의를 기울이면 갑자기 슬픔과 괴로움의 세상이 존재하게 됩니다. 반대로 우리가 그것에 주의를 기울이지 않으면 괴로움의 세상은 사라집니다. 더 이상 괴로움의 근거가 없기 때문입니다. 그러므로 그른 전념은 '깨닫지 못한 전념'입니다. 그것은 마음이 계속해서 괴로움과 갈등의 가상 세계를 만들어 내려고 애쓰는 것입니다. 깨닫지 못한 전념은 원초적 망각에서 비롯되었기 때문에 우리가 목격하는 수많은 경험과 현실이 단지 광대한 의식이 벌이는 짓궂고도 신성한 놀이라는 사실을 알지 못합니다. 그래서 깨닫지 못한 전념의 힘과 에너지는 우리의 마음을 위축시키고 윤회를 일으키고 지속시키게 됩니다.

우리는 이렇게 여러 문제들과 마음이 지어낸 현실에 집착하는 것을 중단할 수 있을까요? 물론 할 수 있지만, 우리의 마음은 어떻게 해야 하는지를 스스로 알지 못합니다. 그러므로 수행은 '깨달은 전념'으로부터 시작해야 합니다. 형식이나 체계를 갖춘 구체적인 수행도 있는데, 예를 들어 호흡이나 어떤 소리에 주의를 집중하는 수행을 하면 깨닫지 못한 전념을 중단하는 데 매우 효과적입니다.

그런데 우리가 궁극적으로 전념해야 하는 대상은 '공(空)'입니다. 공은 만물의 근거이며, 개념적 사고를 뛰어넘은 것이기 때문에 말로 표현할 수 없는 진리입니다. 따라서 지고의 수행은 알아차림과 주의 집중을 개발하는 것입니다. 우리는 이따금 이른 아침에 잠을 깼을 때 호흡에 주의를 집중하면 갑자기 모든 생각이 사라지는 경험을 하기도 합니다. 그때 우리는 개념적 사고를 떠난 진리를 접한 것입니다. 그런데 궁극적 의미에서 우리가 주의를 집중하는 대상은 만물의 근거인 알아차림 자체와 분리된 것이 아닙니다. 우리는 알아차림 안에 있고, 그 일부이며, 슬픔과 기쁨 혹은 윤회와 열반 등 모든 것도 알아차림 안에서 일어나고 있습니다. 길 위의 자동차들, 오가는 사람들, 흐르는 강, 기어 다니는 벌레들, 결혼하는 사람, 등산객 등 바로 지금 일어나는 모든 일들은 만물의 근거인 알아차림 안에서 일어나고 있는 것입니다. 그런 절대적 진리는 생각이나 개념적 의식 너머에 있습니다. 생각이나 관념으로 진리에 대해 추측하거나 다양하고 아름답고 심오한 설명을 할 수는 있습니다. 하지만 진리를 알기 위해서는 그것을 직접 체험하는 수밖에 없습니다.

이를테면 우리는 천상의 음료인 넥타르(nectar)에 대해서 이런저런 생각이나 추측을 할 수 있지만 직접 맛을 보고 체험해야만 그것을 알 수 있습니다. 만물의 근거도 언어나 개념을 넘어선 것이지만 우리는 바로 지금 그것을 깨달을 수 있습니다. 하지만 우리가 만물의 근거를 깨닫기 위해서는 개념적 의식을 뛰어넘어야만 합니다.

만물의 근거는 말을 넘어선 것이지만, 우리가 그것에 대해 말해야만 한다면 단지 만물의 근거는 완전하다고 말할 수 있을 뿐입니다. 만물의 근거는 아름답고, 신성하고, 극락 혹은 자비의 정원과 같습니다. 또 사랑의 대지이고, 알아차림이 강처럼 유유히 흐르는 상태입니다. 그것은 있는 그대로 더없이 완전하고 놀라우며 완전히 선합니다. 우리는 형인할 수 없는 만물의 근거의 장엄함을 표현하려 애쓸 때 이렇게 말할 수밖에 없습니다. 만물의 근거는 원초적 망각의 영향을 받지 않으므로 슬픔과 괴로움에 물들지 않는 기쁨의 대지입니다. 바로 그것이 우리가 주의를 집중해야 하는 가장 고귀한 대상입니다.

바로 지금 이 순간 만물의 근거에 주의를 집중할 수 있습니까? 그것을 알 때 우리는 '반야(prajna, 般若)'를 체험하는 것입니다. 반야란 진리를 직접 보는 것, 직접 깨닫는 것입니다. 그 의식 상태가 곧 불성, 깨어난 마음, 순수 알아차림입니다. 그런 의미에서 만물의 근거에 끊임없이 주의를 집중하는 것이 최고의 수행입니다. 만약 곧장 만물의 근거에 주의를 집중할 수 없는 경우에는 다른 대상에 주의를 집중하는 수행부터 시작할 수 있습니다. 그것은 우리의 마음이 문제를 지어내고 지속시키는 과정을 중단하게 할 수 있는 대상에 주의를 집중하는 것입니다.

그러므로 불교의 가르침은 주의 집중 명상을 상당히 중요하게 여깁니다. 그것은 호흡, 소리, 성스러운 형상, 여러 가지 움직임에 주의를 집중하는 것입니다. 여기서 움직임이란 흐르는 강, 흔들리는 나뭇잎, 지저귀는 새, 소리들 사이의 고요 등을 말합니다. 따라서 이 수행을 하려면 부지런해야 합니다. 우리가 시칠 줄 모르는 부지런함과 열의를 가지고 수행하는 동안 우리의 마음속에서 주의 집중 명상과 알아차림에 대한 사랑과 열정이 자라납니다. 그러면 우리의 내면이 놀라울 만큼 진화하게 됩니다. 그리고 조만간 우리의 전념도 진화합니다. 우리가 노력한다고 해서 그렇게 되는 것이 아닙니다. 우리 내면에서 알아차림이 자연스러운 흐름이 되므로 이제는 주의를 집중하기 위해 애쓸 필요 없이 전념이 이루어지는 것입니다. 그때 우리는 이른바 깨달음의 여명을 보기 시작합니다. 우리는 아직 깨달음에 도달한 건 아닐 테지만 자유를 향해 가고 있는 것입니다.

진정한 수행이란

우리의 마음이 습성과 망상에

빠져 있음을 잊지 않고

그것을 명백히 보면서 쉬는 것입니다.

알아차림의 기적

10

진리와 잠깐 마주하기

진리와
잠깐
마주하기

대개 우리가 현실이라고 믿고 있는 것은 사실 마음이 지어낸 것입니다. 우리의 마음은 천을 짜듯이 윤회, 즉 마음속 괴로움의 세계를 만들어 냅니다. 그러면 그것은 스스로 살아 움직이며 우리의 경험을 좌우합니다. 따라서 우리는 의식적으로 노력해야만 윤회라는 천을 짠 실을 잘라 낼 수 있습니다. 하지만 우리 마음의 힘은 그칠 줄 모르는 갈망으로 나타나서 그 실이 끊어지지 않고 이어지고 윤회의 과정이 계속되게 합니다. 그 갈망이 고통의 쳇바퀴를 쉼 없이 돌아가게 하는 에너지입니다. 자아라는 허상에 우리를 얽매는 것은 바로 우리의 갈망이라고 붓다는 말했습니다. 그런데 면밀히 살펴보면, 대개 갈망은 도무지 만족할 줄 모르기 때문에 중단되는 법이 없습니다.

우리의 갈망은 여러 모습으로 나타납니다. 극단적 집착일 수도 있고, 반대로 극단적 혐오일 수도 있으며, 양극단 사이의 다양한 모습이 될 수도 있습니다. 우리 마음속을 깊이 살펴보면 끊임없는 갈망이 있습니다. 이것은 좋아하고 저것은 싫어합니다. 그리고 좋아하는 것도 싫어하는 것도 자꾸 변합니다. 그런 갈망이 많은 괴로움을 일으키는 원인이지만, 사실 우리가 지금 갈망하는 것들 대부분은 우리의 생각과는 다른 모습으로 존재하고 있습니다.

우리 마음이 망상에서 깨어나지 않는 한 우리는 사물을 있는 그대로 볼 수 없습니다. 망상의 베일이 가리고 있어서 명확히 볼 수 없기 때문입니다. 이러한 근본적 무지 상태는 갈망의 힘에 의해 유지되며 언제나 우리를 떠나지 않습니다. 그런데 우리의 끊임없는 갈망을 깊이 들여다보면 자신이 불완전하다는 느낌이 있습니다. 그것 때문에 우리는 어떻게 해도 채울 수 없는 불만족에 시달리고, 우리를 행복하게 해 줄 힘이 있어 보이면 아무것에나 집착하게 됩니다. 그래서 섹스, 오락, 음식 등에 빠져들고 심하면 중독되기도 합니다. 그렇게 해서라도 참기 힘든 공허함을 억누르려는 것입니다. 또한 우리는 그런 것들을 쉽게 얻을 수 있는 사회적 지위와 신분에도 집착하게 됩니다. 당연히 그런 갈망은 우리 몸이 자연스럽게 필요로 하는 것과는 전혀 다릅니다. 배고프면 먹고 졸리면 잠을 자는 건 자연스러운 행위입니다. 이처럼 우리에게 본래 필요한 것은 충족될 수 있지만, 갈망은 도무지 만족할 줄 모르고 계속해서 또 다른 갈망을 낳을 뿐입니다. 그런데 도대체 누가 그렇게 끝없이 갈망하는 것일까요? 그것은 우리가 자기 자신이라고 굳게 믿고 있는 자아입니다. 하지만 그것은 가장 큰 망상입니다. 그 망상은 우리가 깨어나지 못한 채 살아가는 토대가 되고 있지만, 단지 우리의 상상에 지나지 않습니다.

이와 같은 끊임없는 자기 집착이 멈출 때 깊은 통찰이 생길 수 있습니다. 그것은 진리, 만물이 존재하는 방식, 공(空)을 직접 보는 것입니다. 어떤 이들은 공, 초월적 실상, 만물의 합일 같은 불교의 교리에 대한 믿음을 가지기도 합니다. 아마도 만물의 합일에 대한 믿음은 우리가 찾을 수 있는 최선의 믿음일 것입니다. 하지만 믿음이란 여전히 관념적 지식일 뿐이므로 그런 믿음을 가진 사람도 자아에 사로잡혀 있기는 마찬가지입니다.

그러므로 우리는 믿음을 뛰어넘어서 합일, 궁극적 진리, 시대를 초월한 붓다의 가르침을 직접 체험해야만 합니다. 그러면 기쁨, 자유, 해탈을 맛볼 수 있습니다. 그것들은 더 이상 추상적 관념이 아니라 매우 현실적이고 직접적인 체험이 됩니다. 꿀을 맛보거나 기분 좋은 음악을 듣는 것과 마찬가지로 조건 없는 행복, 평화, 기쁨, 그리고 여러 가르침에서 들었던 온갖 멋진 말들은 문득 아주 현실적인 것이 됩니다.

그때 우리는 바로 지금 일어나고 있는 만물의 합일을 언뜻 볼 수 있습니다. 그것은 항상 여기에 있어서 늘 만날 수 있기 때문입니다. 합일은 만물이 생기는 근원이며 동시에 만물이 사라져서 돌아가는 본향입니다. 또 삶과 죽음, 마음을 열기와 마음을 닫기, 행복과 슬픔, 빛과 어둠 등 모든 것의 근거입니다. 합일은 여기에 있고 저기에도 있고 어디에나 있습니다. 그것은 이원론적으로 거룩한 게 아닙니다. 다시 말해 합일은 거룩하지 못한 것의 반대로서 거룩한 게 아니라 있는 그대로 완전하기 때문에 본질적으로 거룩한 것입니다.

합일에 대한 관점이 다른 두 학파가 있습니다. 한 학파는 합일을 잠깐 만나기 위해서도 오랜 수행이 필요하다고 말합니다. 다른 학파에서는 우리는 늘 합일을 잠시 경험할 수 있는 준비가 되어 있다고 주장합니다. 여기서는 둘째 학파의 의견을 따르겠습니다. 불교의 위대한 스승들은 항상 지고의 명상에 대해 이렇게 말합니다. "과거를 좇지 마라. 미래를 예측하지도 마라. 긴장을 풀어라. 마음을 있는 그대로 놓아두어라. 그러면 해탈이 저절로 일어난다." 즉 언제든 초월적 근거인 공과 합일을 잠시 마주할 수 있는 길이 있다는 것입니다. 우리는 단지 과거의 기억을 놓아 버리고, 미래를 기대하지 않으며, 마음을 있는 그대로 놓아두기만 하면 됩니다. 그래서 우리가 방해되지 않을 때 합일은 저절로 드러납니다.

스승들의 그 말씀은 모든 사람은 항상 초월적 근거인 공과 합일의 진리를 경험할 수 있는 준비가 되어 있다는 의미입니다. 따라서 지고의 명상은 '자연스러운 마음 상태에서 쉬는 기술'이라고 합니다. 그 진리가 가까이 있으므로 우리는 언제든 그것을 잠시 마주할 수 있습니다. 가깝다는 건 조금이라도 떨어져 있음을 의미하는데, 진리는 가깝다는 말조차 할 수 없을 정도로 우리와 밀접한 관계입니다. 사실 만물의 근거인 진리는 우리와 조금도 떨어져 있지 않습니다.

우리가 이미 진리이고, 진리는 우리입니다. 진리와 우리는 하나입니다. 그러므로 우리는 진리를 찾아 아무 데도 갈 필요가 없습니다. 우리가 준비되어 있고 내맡길 수 있다면 바로 지금 이 자리에서도 진리를 언뜻 볼 수 있습니다.

우리가 지금 이 순간에서 쉬고 있으면 마음속에 드넓은 공간이 저절로 드러납니다. 그것은 생각의 구름이 가리지 못하는 곳입니다. 그 공간을 직접 보지 못하면, 우리의 마음은 자신이 현실을 제멋대로 해석하는 걸 떨쳐 버리고 실상을 있는 그대로 보기 어렵습니다. 우리의 마음은 늘 무언가를 만들어 내고, 그것을 찾으려고 애씁니다. 다른 한편 마음은 무언가를 지어내고, 그 후엔 그것을 없애려고 애씁니다. 자아라는 허상이 바로 그런 것입니다. 마음은 자아라는 허상을 지어내고, 다음엔 그것을 유지하려 애쓰거나 없애려고 애쓰는 것입니다. 또한 마음은 괴로움을 지어내고, 이어서 그것을 없애려고 애씁니다. 하지만 우리 마음은 다른 누가 아닌 바로 자신이 그런 자아와 괴로움을 지어낸 줄 모릅니다.

그런데 그런 마음을 그냥 놓아두면 우리는 마음이 사라지는 곳, 우리가 아무것도 모르고 갓난아기처럼 티 없이 순수한 곳에 이르게 됩니다. 그때 만물의 근거인 공이 저절로 드러납니다. 흡사 구름에 가려져 있던 산이 구름이 걷힌 후에 장대한 모습을 드러내는 것과 같습니다. 그때 우리는 우리의 의식과 진리 사이에 어떤 베일도 장막도 장벽도 없이 명확히 만물의 근거인 진리를 만날 수 있습니다. 가까이 있는 사물을 보듯이 그것을 또렷이 볼 수 있습니다. 그때 진리는 바로 우리 눈앞에서 투명하게 빛나고 있습니다. 하지만 그처럼 진리를 언뜻 보는 건 단지 마음속에서 깨어남이 일어나는 과정의 시작일 뿐입니다. 이제 우리는 진리를 알아볼 수 있어야 합니다. 바로 그것이 우리를 해방시킬 수 있는 지고의 깨달음이기 때문입니다.

매우 아름다운 꽃들이 피어 있는 정원이 있다고 상상해 봅시다. 우리는 매일 아침 그 앞을 지날 때마다 꽃들을 봅니다. 그러던 어느 날 우리는 정원사와 함께 이야기를 나누다가, 초대를 받고 정원으로 들어가서 활짝 핀 꽃들의 찬란한 아름다움과 향기를 만끽합니다. 이와 마찬가지로 진리를 언뜻 보는 것은 우리가 진리 안으로 초대를 받는 것과 같습니다. 그러면 우리는 진리에 온전히 몸을 담그고 진리 안에서 살 수 있습니다.

이렇듯 너무 쉽게 진리를 마주할 수 있다는 사실이 좀 당황스럽게 여겨질 수도 있습니다. 하지만 지금 이 순간은 바로 지금의 모습보다 더 좋을 수 없다는 것만 알면 됩니다. 그것을 이해하면 희망, 두려움, 관념의 투사 등 모든 것이 바로 그 자리에서 약해집니다. 이것이 진리를 언뜻 보는 것입니다. 그래서 위대한 명상 스승들은 한 생각이 사라지고 다음 생각이 일어나기 전의 공백에 주의를 집중해야 한다고 그토록 강조한 것입니다. 그들은 생각과 생각 사이의 고요한 순간 속에서 진리와 해탈을 찾을 수 있다고 가르쳤습니다. 하지만 우리가 진리를 만날 수 있다 해도 그 진리를 제대로 알아보지 못하면 아무 소용이 없습니다. 진리와 잠깐 마주하는 아름다운 순간을 수천 번 경험할지라도 정작 우리는 그것이 진리인 줄 알아보지 못하기 쉽습니다. 따라서 개념에 얽매이지 말고 체험을 통해 진리를 알아야만 합니다. 반면에 진리를 개념적으로 아는 건 단지 지식을 하나 더 얻는 것에 불과합니다. 그것으로는 망상의 병을 치유할 수 없습니다.

개념적 사고를 떠나서 진리를 아는 것이 지고의 통찰이자 지혜입니다. 불교에서는 그것을 '반야'라고 합니다. 그것은 의심 없이 흔들리지 않는 확신으로 진리를 직접 체험하는 것입니다. 때로는 개념을 떠난 통찰이 저절로 생기기도 하지만, 스승이 필요한 경우도 있습니다. 그때 우리는 스승을 전적으로 신뢰해야 하고, 스승은 몇 번이고 거듭해서 우리를 진리로 이끌어 줍니다. 그렇지 않으면 진리를 찾는 여행은 끝나지 않을 것입니다. "나는 작년부터 진리를 찾고 있고 내년에도 진리를 찾을 거야. 기력이 다해 자리에 눕는다 해도 생을 마칠 때까지 진리를 찾는 일을 멈추지 않겠어." 이렇게 삶을 마치는 것도 그리 나쁘진 않을 테지만, 그런 식으로 진리를 찾기만 하다가 삶을 마치는 사람들이 많습니다. 그들의 머릿속은 많은 개념과 지식이 쌓여서 거의 수행과 깨달음에 대한 지식을 모아놓은 도서관이나 마찬가지이지만 그들은 결코 지금 이 순간의 깊은 앎에 이르지 못합니다. 그들은 절대로 "나는 이제 깨달았다. 나는 모든 존재들의 근거인 공을 직접 안다."고 말하지 못할 것입니다.

우리 마음이 더 이상 생각에 얽매이지 않을 때, 끊임없이 슬픔의 세계인 허상을 지어내기를 멈추고 쉴 때, 진정한 내면의 쉼인 평안이 찾아옵니다. 그때 우리는 진리를 언뜻 볼 수 있습니다. 그리고 어느 순간 우리는 아무 의심 없이 진리를 알게 됩니다. 그리고 그 깊은 앎은 더할 나위 없는 해방감을 줄 수 있습니다. 마침내 우리가 성취하고자 애쓰던 모든 걸 이루었다고 말할 수 있습니다. 드디어 큰 신비를 이해할 수 있게 된 것입니다. 비로소 삶의 의미를 깨달은 것입니다. 그리고 마침내 우리는 붓다로부터 조건 없는 행복을 얻는 법을 배운 것입니다. 그때 갑자기 변화가 일어납니다. 조건 없는 행복이 우리에게 다가오는 것입니다. 그 순간까지 우리는 행복이란 늘 외부에 있는 줄 알았습니다. 그래서 행복은 밖에서 찾아야 하고 우리가 만들어야 한다고 생각했습니다. 그런데 그 순간부터 갑자기 우리 내면에서 고귀한 행복의 샘이 솟아오르고 넘쳐서, 그것을 우리 안에만 담아 둘 수 없게 됩니다. 즉 우리 안에서 샘솟는 행복을 세상과 나누어야만 하는 것입니다.

하지만 대다수 사람들은 그것을 경험하지 못합니다. 많은 사람들은 여전히 행복을 찾아다니고 행복을 만들려고 애씁니다. 그들이 가지지 못한 걸 얻으려 애쓰는 겁니다. 하지만 외부에서 무엇을 찾아서 행복해질 수는 없습니다. 행복이란 우리 내면의 고갈되지 않는 근원으로부터 솟아나서 퍼지는 것이기 때문입니다. 진리를 직접 알게 되면 그야말로 고귀한 기쁨과 사랑과 자비가 우리 마음속에서 샘솟는 걸 느끼게 됩니다. 그러면 우리는 그것을 우리 안에만 담아둘 수 없고 다른 존재들과 나누어야만 합니다.

합일의 진리를 깨달을 때 가장 이상하고 놀라운 점은 합일이란 그와 유사한 것을 전혀 찾아볼 수 없는 아주 특이한 현상이라는 것입니다. 합일은 단지 우리와 세계가 분리되어 있다는 환상이 없는 것일 뿐입니다. 깨달음을 얻어도 실제로 변하는 건 아무것도 없습니다. 우리는 여느 때처럼 숨을 쉬며 살고 나무나 산도 여전히 그대로입니다. 변한 것이라고는 오직 이원성의 망상이 사라지고 거기서 비롯된 괴로움도 더 이상 없다는 것뿐입니다. 하지만 이제 우리는 아주 사소한 것에서도 기쁨을 발견할 수 있습니다. 마치 온 우주를 다 얻는 복권에 당첨된 것처럼 기쁩니다.

알아차림의 기적

11

미친 사랑은 황홀함 속에서
마음을 초월합니다

미친 사랑은
황홀함 속에서
마음을
초월합니다

붓다의 가르침의 핵심은 모든 것이 성스럽다는 것입니다. 광활한 하늘부터 땅바닥의 하찮은 먼지까지 모든 존재가 성스럽습니다. 깨달은 마음에게는 세상이 그렇게 보입니다. 깨달은 마음은 만물이 성스러움의 근거 안에서 합일되어 있음을 보기 때문입니다. 반면에 깨닫지 못한 의식은 성스러운 것과 성스럽지 못한 것, 고귀한 것과 고귀하지 못한 것, 순수함과 순수하지 못함을 분별합니다. 깨닫지 못한 마음은 세상을 그렇게 봅니다. 그때 우리는 '이원론'이라는 마음속의 감옥에 갇혀 있기 때문입니다.

많은 전통들은 '드러난 세계'와 '드러나지 않은 세계'를 분별합니다. 그들은 드러나지 않은 세계는 우리 눈에 보이지 않지만 거기로부터 만물이 발생하는 순수 근거라고 생각합니다. 이렇게 드러나지 않은 세계를 성스럽게 여기는 반면에 드러난 세계의 모든 것도 성스럽다는 것은 명백히 알지 못합니다.

많은 수행자들도 드러나지 않은 세계를 하느님 혹은 만물의 일치, 진아, 순수의식이라고 여기고 지극히 숭배합니다. 반면에 드러난 세계를 숭배하고 사랑하는 법은 모릅니다. 드러난 세계란 우리 주위 어디에나 있으며 형상과 소리가 있는 세계입니다. 정원에 만발한 아름다운 꽃들, 바람에 날리는 낙엽들, 병들고 늙어가는 인간의 몸 등 우리가 보고 만질 수 있는 것들로 이루어진 세계입니다.

하지만 드러나지 않은 세계를 사랑하는 것과 더불어 드러난 세계를 사랑하지 못하면 우리는 이원론이라는 마음속 세계에 빠져 헤어나지 못하기 때문에 결코 사물을 있는 그대로 볼 수 없습니다. 이원론은 끊임없이 우리의 마음을 가리고 있으며, 우리 안에서 깨어나라는 절박한 요청이 일어날 때에야 비로소 우리는 이원론을 극복하고 근본적인 의식의 진화를 이루기 시작할 수 있습니다.

만물에 깨달음의 본성이 있음을 아는 마음을 티베트불교에서는 '닥낭(dag snang)'이라고 합니다. 그 의미는 '성스러운 바라봄'입니다. 그것은 단순히 일반적인 종교적 사고가 아니라 신비적 체험입니다. 사실 그것만이 진실로 신비적인 체험입니다. 그 진리는 뜻도 모르는 막연한 믿음이나 혼란스러운 심리적 현상 속에서 우연히 마주치는 아름다운 환영이 아닙니다. 우리 마음에서 베일이 벗겨지면 우리는 자신의 손을 보듯이 명확히 진리를 볼 수 있습니다. 깨달은 마음은 이원론을 뛰어넘은 것입니다. 그것은 형상이 있든 없든, 드러나든 드러나지 않든, 순수하든 순수하지 않든 모든 것을 사랑하고 받아들입니다. 이와 같이 '성스럽다'는 것은 단순히 개념이나 이론이 아니라 우리가 직접 체험해야만 하는 것입니다.

물론 직접 체험하지 못한 채 성스럽다는 말을 사용한다면 우리는 성스러움을 어떤 이론이나 관념으로 바꾸기 쉽습니다. 하지만 성스러움이란 신앙 체계의 일부로서 믿어야 하는 게 아닙니다. 성스러움이 단지 신앙 체계의 일부에 불과하다면, 그것은 우리가 궁극적 진리를 체험하도록 도와주지 못하고 오히려 방해할 것입니다.

수년 동안 불교 수행을 해 온 한 여성은 불교에서 만물이 성스럽다고 말하는 것을 도무지 이해할 수 없었습니다. 그래서 나에게 그것을 설명해 달라고 했지만, 당시 나는 아무리 생각해도 만물의 성스러움을 논리적으로 한 마디도 설명할 수 없었습니다. 그때 그녀는 언젠가 아들이 바닷가에서 조개껍질 같은 것들을 주워 모으던 장면을 떠올렸습니다. 그것들은 그 소년에게 귀중한 보물이었습니다. 불현듯 그녀는 아이들의 천진난만한 눈을 통해 바라봄으로써 만물의 성스러움을 이해할 수 있을지도 모르겠다는 생각을 했습니다. "예, 바로 그와 같습니다." 나는 그저 그렇게 대답할 수밖에 없었습니다. 이처럼 진리는 우리의 지성만으로는 온전히 파악할 수 없음을 잊지 말아야 합니다. 그러므로 진리를 이해하려면 잠시 생각을 내려놓고 진리가 스스로 드러나게 해야만 합니다.

그런데 진리는 말로 표현할 수 없다고 하면서도 어째서 궁극적 진리에 대해서 오랜 세월 동안 그토록 많은 경전들이 쓰인 것일까요? 우리는 개념과 말을 초월한 그 무엇을 가리키기 위해서도 개념과 말을 수단으로서 사용할 수밖에 없기 때문입니다. 그렇지 않으면 우리는 처음부터 진리에 다가갈 수조차 없을 것입니다. 여러 전통들에는 그처럼 말로 나타낼 수 없는 진리를 밝혀주는 두 가지 방식이 있습니다. 하나는 부정을 통해 말하는 것이고, 다른 하나는 긍정을 통해 말하는 것입니다. 붓다는 두 방식을 모두 사용했습니다. 붓다는 종종 부정의 언어를 사용했기 때문에 그 가르침은 상당히 이해하기 어려운 경우가 많습니다. 그는 창조주의 존재를 인정하지 않았고, 자아의 존재를 부정했고, 이원성을 부정했습니다. 그는 문화적·종교적 신화에 들어 있는 거짓을 밝혀서 드러내는 데 탁월했습니다. 한편 많은 사람들은 붓다의 가르침에서 사랑에 대한 내용도 찾을 수 있었습니다. 모든 것이 성스러우며 우리의 참본성은 이미 고귀하다는 긍정의 언어를 발견한 것입니다. 붓다의 가르침에서 부정의 언어와 긍정의 언어는 서로 모순되는 듯이 보이지만, 사실은 같은 진리를 가리키고 있습니다. 즉 '나'라는 허상만 내려놓으면 어디에나 성스러움이 있는 세계의 모든 것들과 우리가 하나임을 알 수 있습니다.

이는 신앙 체계에 근거해서 무언가를 숭배하거나 성스럽게 여기는 게 아닙니다. 여기서 말하는 성스러움은 곧 진정한 체험, 무아의 체험입니다. 그것은 단지 전적인 사랑이고 차별 없는 사랑이며 완전한 무아의 사랑입니다. 그 사랑은 어떤 형태의 집착도 떨쳐 버립니다. 그러므로 그것을 '고귀한 사랑'이라 할 수 있습니다. 그것은 평범한 사랑에 비할 수 없을 만큼 아주 낯선 사랑입니다.

우리는 인생에서 다양한 사랑을 경험하는데, 그중 어떤 사랑은 아주 평범합니다. 우리가 경험하는 감정적 사랑은 간혹 매우 한정된 대상만을 사랑합니다. 그런 사랑은 자아에 토대를 두고 있기 때문에 잘못된 인식과 집착에 의해 사랑하는 것에 불과합니다. 반면에 고귀한 사랑은 자아에 토대를 두지 않은 사랑입니다. 또 합리적인 생각으로는 도무지 이해하기 어렵기 때문에 '미친 사랑'이라고 말할 수 있습니다. 즉 아무 이유도 없이 사랑하고 심지어 특정한 대상도 없이 사랑하는 것입니다. 또 극한까지 사랑합니다. 사랑이 극한에 이르면 자아가 죽기 때문에 미친 사랑에서는 자아가 사라집니다. 우리 모두에게는 그런 미친 사랑이 있습니다. 그뿐 아니라 우리는 미친 사랑으로 이루어져 있습니다. 우리의 의식의 토대는 바로 성스러운 지각이며, 그것이 곧 미친 사랑입니다.

인간의 모든 괴로움을 일으키는 원인은 불교에서 말하는 '무명' 즉 근본적 부지입니다. 그것은 하나의 망상에서 비롯됩니다. 즉 우리의 의식이 자신의 모습을 허상으로 지어내고는 그것이 진짜라고 믿었기 때문입니다. 또한 선과 악, 행복과 슬픔, 자아와 타자 등 장엄한 우주적 쇼를 지어내고, 그 허상 속으로 들어가서는 그 모든 허상이 현실이라고 생각했습니다. 마치 어떤 작가가 소설을 쓴 후에 그 소설 속의 인물과 사건들이 자신이 만든 허구임을 잊고 실제로 일어나는 일이라고 믿는 것과 같습니다. 그와 마찬가지로 우리가 수행을 통해 초월하려는 모든 것은 사실 우리 의식이 지어낸 이야기일 뿐입니다.

우리들은 무언가를 초월하고 싶다고 느낍니다. 우리의 현실이 지금 이대로 괜찮다고 생각하지 않기 때문입니다. 모든 전통의 많은 수행자들도 초월하고 싶다는 바람을 가지고 있습니다. 그런 바람을 느낄 때 우리는 절, 교회, 아쉬람에 가서 누군가의 도움을 받아 초월하려고 합니다. 물론 그것은 아름다운 바람입니다. 하지만 우리가 도대체 무엇을 초월하기 원하는지를 곰곰이 생각해 보면 우리의 바람은 아주 역설적입니다. 왜냐하면 우리가 초월하려는 것은 궁극적 의미에서 실제로 존재하는 게 아니기 때문입니다. 그것은 오직 우리의 마음이 자신을 나타내 보이는 것일 뿐입니다. 따라서 우리가 초월하려 애쓰는 모든 것은 사실 우리의 마음이 지어낸 것임을 잊지 말아야 합니다. 그것을 깨달으면 우리는 모든 어려움을 극복할 수 있습니다.

우리가 미친 사랑 속으로 들어가는 법을 알 때 바로 그 자리에서 진정한 초월이 이루어집니다. 심지어 초월하려 애쓰는 '나'조차 사라집니다. 붓다가 열반을 설명할 때 절대 평안이라고 말한 것이 바로 그 상태입니다. 깨달음을 의미하기도 하는 '열반(nirvana)'이란 말의 본래 뜻은 '꺼지다' 혹은 '끄다'입니다. 따라서 열반이란 다름 아니라 '망상의 불을 끄는 것'입니다.

미친 사랑은 마음속의 망상의 불을 꺼주는 성스러운 물과 같습니다. 미친 사랑은 망상에 빠진 마음과 그 마음이 나타난 모습을 마치 현실인 것처럼 받아들이는 근본적 잘못을 지극한 황홀함 속에서 초월합니다. 미친 사랑에 의해 우리는 모든 것을 성스럽게 여기고 특정한 대상에 한정하지 않고 모든 걸 사랑할 수 있습니다. 반면에 평범한 사랑에는 경계선과 분별이 있습니다. 즉 사랑하는 것이 있고 사랑하지 않는 것이 있으며 종종 그 둘 사이의 경계선이 매우 뚜렷합니다. 그리고 많은 사람들은 그 경계선을 넘어설 줄 모릅니다. 그래서 대부분의 인생을 제한된 사랑 안에서만 살아갑니다. 그와 달리 경계선 없는 사랑인 미친 사랑은 성스러운 지각입니다. 그것만이 망상에 얽매이지 않고 만물의 본성을 지각합니다. 그래서 미친 사랑은 모든 것을 사랑합니다. 드러난 세계와 드러나지 않은 세계를 모두 사랑하고, 모든 것을 성스럽게 여깁니다. 미친 사랑은 가장 평범한 것까지 모든 존재를 사랑하고 깊은 경외감으로 만물의 성스러움을 체험합니다.

미친 사랑에 의해 우리는 소위 종교적인 것만이 아니라 모든 것을 성스럽게 여길 수 있습니다. 그것은 언제나 만물이 성스럽다는 사실을 체험하려 하는 마음가짐입니다. 그런 체험에 의해 우리는 하찮은 티끌이나 우리가 쉬는 숨 하나하나까지 모든 존재를 성스럽게 여기며 사는 것이 얼마나 놀라운 일인지 알 수 있습니다. 미친 사랑을 체험하는 것은 곧 대상이 없는 사랑, 이원성을 뛰어넘은 사랑을 경험하는 것입니다.

그렇다면 어떻게 해야 바로 이 평범한 순간에 미친 사랑 속으로 뛰어들 수 있을까요? 우리는 형식적인 답에 매달리지 말고 진심으로 그 물음을 추구해야 합니다. 그러면 때로 우리에게 필요한 것은 오직 괴로운 마음을 넘어서려는 순수한 열망뿐임을 알게 됩니다. 우리의 내면을 아무리 살펴보아도 위협적인 세력이나 적을 찾을 수 없습니다. 우리의 자아가 있을 뿐입니다. 자아는 마음을 활짝 여는 걸 몹시 겁내고, 보호받지 못할까 근심하고, 자신의 정당성과 근거를 잃을까 두려워하고 있습니다. 또 무언가에 집착하기를 좋아하고 우열을 가리기를 좋아합니다. 간혹 자아는 괴로움을 놓아 버리는 것조차 힘겨워합니다.

하지만 우리는 모든 것을 놓아 버릴 때 자유를 느낄 수 있습니다. 더없는 기쁨과 성취감이 충만한 미친 사랑을 느낄 수 있습니다. 그때 우리의 발걸음은 춤이 되고, 우리의 삶에 시가 넘치고, 우리가 서 있는 바로 여기가 약속의 땅임을 알게 될 것입니다. 바로 여기가 많은 불자들이 미래에 환생하기를 기원하는 서방정토(Sukavati, 西方淨土)라는 극락입니다. 그 의미는 '법열의 땅'입니다. 그런데 법열의 땅은 우리의 외부가 아니라 우리 안의 미친 사랑 속에만 있습니다. 자칫 머뭇거리다가 그것을 놓치면 안 됩니다. 우리가 살아 있는 동안 극락에서 사는 법을 알게 된다면 우리는 가장 큰 수행의 비결을 발견한 것입니다.

알아차림의 기적

12

순수 알아차림은
언제든 일어날 수 있습니다

순수
알아차림은
언제든
일어날 수
있습니다

수행의 길 끝에 이르면 더 이상 해야 할 일이 없습니다. 그저 우리 존재의 자연스러운 근거에 머물며 쉬면 됩니다. 우리는 그것을 '순수의식'이라고 부릅니다. 우리 안에서 순수의식을 찾지 못한다면 우리가 하는 수행들은 단지 고상한 기분 전환에 지나지 않을 것입니다. 우리 존재에 대한 가장 바른 깨달음인 순수의식은 이성적 의식과는 아무런 상관이 없습니다. 또 특정한 교파에만 있는 것도 아닙니다. 만일 어떤 종파나 전통에서 그들에게만 순수의식이 있다고 주장한다면, 그것은 단지 그들이 순수의식에 대해 아무것도 모른다는 사실을 말해 줄 뿐입니다. 순수의식이란 말은 모든 사람의 내면에 있는 이름 없고 드넓고 한없는 빛을 가리키는 것입니다. 그것이 우리의 참모습입니다.

하지만 순수의식은 단지 우리의 더 나은 자아 혹은 더 신성한 자아가 아닙니다. 그래서 붓다는 아트만(atman)이나 진아(眞我) 등 어떤 자아도 인정하지 않았습니다. 모든 형태의 자아 정체성이 사라지게 되면 설명할 수 없고 드넓고 어떤 한계도 넘어선 것만이 남습니다. 우리는 단지 몸으로만 이루어진 존재가 아니고 봄에서 분리된 존재도 아니라는 것이 진리입니다. 그러므로 우리는 순수의식 외에 다른 것일 수가 없습니다. 이러한 근거에서 불교 논리학자 다르마키르티 (Dharmakirti, 생몰년 미상, 법칭法稱, 7세기경 활동한 인도의 불교학자)가 한 말은 널리 알려져 있습니다. 순수의식의 본성은 청정하므로 누구나 깨달음을 얻을 수 있다는 것입니다.

순수의식을 넘어서 발견할 수 있는 다른 궁극적 진리는 없습니다. 순수의식이 진리의 전부입니다. 그 밖의 다른 진리라는 것들은 단지 진리에 대한 관념이나 개념을 상세히 설명한 것에 불과합니다. 순수의식은 어떤 원인에 의해 생긴 결과가 아닙니다. 만약 그렇다면 순수의식 역시 시작과 끝이 있는 평범한 사물에 지나지 않을 것입니다. 순수의식은 시간과 공간의 제약을 받지 않고 무엇에도 얽매이지 않습니다. 그것은 바로 지금 모든 사람 안에 존재하고 있습니다. 순수의식은 우리 존재의 근거이고, 궁극적 의미에서 바로 우리 자신입니다.

수행의 길이 늘 곧고 순탄한 건 아닙니다. 특히 우리가 수행에 깊이 몸담고 있다면 더욱 그렇습니다. 수행 도중에 만날 수 있는 함정들이 우리 마음을 유혹하는 경우가 많습니다. 왜냐하면 우리의 마음은 마주치는 모든 것을 움켜쥐려는 오랜 습성을 버리지 못한 채 지고의 진리를 깨달으려 애쓰고 있기 때문입니다. 우리는 그 사실을 잘 알아차리고 있어야 합니다. 그 함정들 중 하나는 일시적으로 바뀐 기쁜 마음 상태를 순수의식으로 착각하는 것입니다. 예로부터 스승들은 그 함정에 빠지지 말라고 주의를 주었습니다. 우리는 아름답고 황홀한 의식 상태를 경험할 수 있지만 그것은 순수의식과는 전혀 상관없이 단지 일시적으로 바뀐 마음 상태인 경우가 많습니다.

삶이 엉망일 때 우리는 기꺼이 그런 일시적으로 바뀐 의식 상태를 즐기려고 합니다. 우리의 삶이 무척 힘든데다가 의미를 찾기도 어렵고 즐거움이나 기뻐할 일도 별로 없다면 우리가 그런 황홀한 의식 상태에 빠져서 즐기는 게 당연할 것입니다. 하지만 그런 경험은 순수의식을 깨닫는 데 장애가 될 수 있습니다. 왜냐하면 으레 우리는 잠시 바뀐 아름다운 의식 상태에 집착하게 되는데, 그것을 다시 경험하기가 쉽지 않아서 결국 그것이 수행에 방해가 되기 때문입니다. 그러므로 잠시 바뀐 의식 상태는 실상이나 순수의식과 아무 상관없는 일시적이고 덧없는 현상이기 때문에 그것을 경험하는 것이 수행에 장애가 될 수 있습니다. 우리는 마음의 힘이나 외부 조건에 의해서 지극한 행복을 얻을 수 있지만, 명상이나 기도, 여러 수행법, 열렬한 종교적 열정 등에 의해 자아를 중독시킬 위험이 있는 그릇된 초월적 경험을 할 수도 있는 것입니다.

명상할 때의 마음 상태도 순수의식이 아닙니다. 만약 명상할 때 순수의식이 일어난다면 그것은 무언가 인위적인 것, 어떤 원인에 의해 생긴 결과에 지나지 않을 것입니다. 하지만 순수의식은 명상 같은 경험을 초월한 것입니다. 그러므로 한정된 의미를 가진 일상 언어로는 도무지 순수의식을 나타낼 수 없습니다. 순수의식은 이미 우리가 태어날 때부터 항상 우리 안에 있습니다. 그러므로 어떤 원인에 의해 생기는 결과가 아닙니다. 반면에 대부분의 경험은 내적·외적인 여러 원인과 조건에 의해 발생합니다. 따라서 그것은 일시적 경험일 뿐이며 순수의식과 아무런 관련이 없습니다. 때때로 우리는 굉장한 환상을 느낄 수도 있고 넋을 잃고 헤맬 수도 있지만, 실제로는 아무것도 없는 것입니다. 그런 경험은 근본적 실체가 없기 때문에 순간마다 계속 변할 뿐입니다.

이처럼 모든 경험은 변함없이 계속될 수 없고 일시적입니다. 우리는 오늘 아침에 일어났을 때부터 하루 종일 많은 경험을 했습니다. 기분 좋은 경험이 있는가 하면 불쾌한 경험도 있습니다. 그런데 우리가 바로 지금 경험하고 있는 것은 바로 다음 순간이나 얼마 후에 곧 사라집니다. 또한 우리는 많은 힘을 들이지 않고도 우리의 경험을 바꿀 수 있습니다. 자세를 조금 바꾸거나 숨 쉬는 법만 좀 다르게 해도 전혀 다른 상태를 경험할 수 있습니다. 명상을 하거나 영감을 주는 구절을 낭송하면 대개 기분이 매우 좋아지고, 반면에 교통체증에 걸려 있을 때면 조급해지고 짜증이 납니다. 간혹 명상을 비롯한 수행을 할 때 우리가 고상한 듯이 느끼지만, 그것도 순수의식은 아닙니다. 그렇다고 명상이나 다른 수행이 잘못되었다는 말은 아닙니다. 어쨌든 기분이 좋고 고상한 느낌을 가지는 것이 불행을 느끼거나 우울하거나 화를 내는 것보다는 훨씬 더 좋습니다. 하지만 그런 경험들은 우리가 수행하는 궁극적 목표가 아니라는 걸 잊지 말아야 합니다.

동양의 많은 수행자들은 내면에서 높은 차원의 의식과 하나가 되는 것을 목표로 삼아 왔습니다. 불교에서는 그 의식을 불성이라고 합니다. 하지만 스승들은 수행을 할 때 느낄 수 있는 기분 좋은 경험이 아무리 숭고해 보인다 해도 그것을 순수의식으로 착각하면 안 된다고 말합니다. 심지어 깊은 자비심일지라도 잘 살펴보아야 합니다. 이는 자비심을 기르는 수행을 그만두어야 한다는 의미가 아닙니다. 자비심과 자애심 수행은 우리의 마음이 깨어나고 지고의 진리를 깨닫는 데 간접적으로 도움이 될 수 있습니다. 붓다도 자애심과 자비심을 기르는 데 중점을 둔 사무량심(四無量心) 명상을 가르쳤습니다. 지극한 사무량심 수행에 의해 브라흐마와 합일을 이룰 수 있습니다. 그 합일은 곧 이원성 너머의 알아차림이고 불성을 알아보는 것입니다.

하지만 바로 지금 우리 안에 존재하고 있는 순수의식은 어떤 원인에 의해 생기는 결과가 아닙니다. 그러므로 우리는 순수의식을 알아차릴 수 있지만 그것을 수행할 수 없고 성취할 수도 없습니다. 우리가 할 수 있는 일은 오직 순간마다 순수의식을 알아차리는 수행을 하는 것입니다. 우리가 명상 수행을 한다는 것은 곧 우리 안에 있는 불성을 즉각 알아보기 위한 수행을 하는 것입니다. 따라서 진정한 명상이란 자신 안에 있는 이미 깨달은 의식의 근거와 직접 만나는 것입니다. 명상은 깨달음으로 가는 길이라고 붓다가 말했을 때 의미한 것이 바로 그런 명상입니다. 그렇기 때문에 대승불교의 경전은 세속적 명상과 탈속적 명상의 미세한 차이를 분명히 밝히고 있습니다. 탈속적 명상은 선서(sugata, 善逝)의 명상이라고 합니다. 다시 말해서 '조건 없는 행복에 도달한 자'의 명상이라는 의미입니다.

좌선, 성스러운 동작과 춤, 요가, 탄트라 등 여러 수행은 대단히 유익합니다. 그런 수행을 하는 목적은 마음을 정화해서 우리의 참모습을 잘 볼 수 있는 관점에 도달하려는 것입니다. 거기서 우리 자신이 곧 순수의식임을 알 수 있을 것입니다. 그러므로 바른 의도를 잃지 않고 수행한다면 그런 관점에 이르기 위한 준비를 하는 데 많은 도움이 됩니다. 하지만 그 수행법들이 순수의식 자체를 발생시키지는 못합니다. 순수의식은 이미 우리 마음속에 있기 때문입니다. 순수의식은 아무런 이유도 없이 항상 우리 내면에 있는 것입니다. 우리 마음에 순수의식이 없을 때는 단 한 순간도 없습니다. 심지어 우리가 개념과 관념의 세계에 빠져서 갈피를 잡지 못하고 있을 때에도 순수의식은 우리 마음속에 온전히 존재하고 있습니다.

우리의 마음이 망상과 무지에 붙잡혀 있을 때조차 우리의 내면에서는 항상 순수의식이 빛나고 있습니다. 그처럼 우리가 본래 초월적 상태임을 알아차리도록 도와줄 수 있는 것은 모두 바른 방법, 바른 수행입니다. 어떤 명상법이 그런 효과가 있다면 그것은 바른 수행입니다. 성스러운 춤이 그런 효과가 있다면 그것도 바른 수행입니다. 기도가 그런 도움을 준다면 그것도 바른 수행입니다. 무엇이든 우리의 본래 모습을 알아차릴 수 있게 도와준다면 바른 수행인 것입니다. 반드시 불교의 수행이어야만 된다거나 복잡하고 어려운 방법이어야 할 필요는 없습니다. 아주 단순하지만, 단지 정기적으로 쉬는 것도 좋은 수행이 될 수 있습니다. 혹은 호흡 알아차리기나 성스러운 구절을 마음속에 떠올리는 것도 좋습니다. 그 구절을 암송하지 않아도 되고 마음속에 떠올리는 것만으로도 충분합니다.

알아차림에는 어떤 성질이 없습니다. 알아차림의 역설은 매우 심오하면서도 매우 단순합니다. 알아차림은 어떤 특성이나 성질, 형상이나 한계가 없으므로 우리는 그것을 설명할 수 없습니다. 우리는 알아차림을 가리킬 수는 있지만 그것에 대해 말할 수는 없습니다. 우리가 온전히 현재에 머물러 있을 때 알아차림이 자연스럽게 의식의 표면으로 떠오르기도 합니다. 그때는 우리가 더 이상 생각이나 관념의 투사 속에서 헤매지 않기 때문입니다. 순수의식은 높지도 낮지도 않고, 즐겁지도 불쾌하지도 않고, 선하지도 악하지도 않습니다. 우리의 의식의 근거인 순수의식을 직접 만나는 일은 단지 신비로운 황홀경 속에서만 일어나는 것이 아닙니다. 우리가 그저 존재하고 있을 때나 무언가를 듣고 냄새 맡고 맛보는 등 가장 평범한 순간에도 일어날 수 있습니다.

내가 어릴 적 티베트에 한 스님이 있었습니다. 그는 뛰어난 능력이 있었지만 정식 불교 교육을 전혀 받지 않았기 때문에 학식이 많은 다른 스님들은 그가 무식하다고 생각했습니다. 그들은 뒤에서 그를 비웃는 일이 많았고, 그가 불성을 체험했다는 말도 무시했습니다. 그러던 어느 날 그들은 그 라마 스님에게 물어보았습니다. "불성이란 무엇입니까?" 하지만 속내는 그를 놀리려는 것이었습니다. 마침 밖에는 보슬비가 내리고 있었고 지저귀는 새소리가 들렸습니다. 잠시 명상 자세로 앉아 있던 라마 스님이 대답했습니다. "보슬비가 내리고 있고 한 마리 새가 지저귀고 있다." 그 말에 다른 스님들은 배꼽을 잡고 웃음을 터뜨렸습니다. 그들은 라마 스님이 바보라고 생각한 것입니다. 이 이야기는 우리가 고상한 관념만을 좇다가는 진실한 것을 놓칠 위험이 있음을 알려 줍니다. 사실 그 라마 스님은 깊은 통찰과 진정한 깨달음에 이른 분이었던 것으로 보입니다. 또한 이 이야기는 깨달음이 언제든 즉시 일어날 수 있음을 보여 줍니다.

불교에서는 오래 전부터 즉각적 깨달음[돈오頓悟]에 대해 말해 왔습니다. '즉각적 깨달음'이란 어떤 원인도 없이, 또 어떤 과정이나 예고도 없이 단 한 순간에 최고의 해탈을 만날 수 있다는 것입니다. 그 순간 우리는 만물의 참본성을 명확히 알게 되고, 우리를 괴롭히던 의식의 부담들은 모두 사라지고, 모든 망상도 사라집니다. 이렇듯 해탈이나 깨달음이 갑자기 생길 수 있는 이유는 이미 우리 안에 완전한 순수의식이 있기 때문입니다.

일상적 관점에서는 무엇을 얻거나 성취하려면 어떤 일을 해야만 합니다. 어떤 성과라는 것은 노력에 의해 얻어지는 결과이기 때문입니다. 그러므로 우리가 순수의식으로 깨어나기 위해서는 한평생이나 그보다 더 긴 시간이 걸릴 수도 있는 과정이 필요하다고 생각하는 건 어쩌면 당연합니다. 하지만 순수의식을 깨닫는 체험은 순식간에 일어납니다. 이미 우리 마음 안에 있는 순수의식으로 깨어나기만 하면 되기 때문입니다. 이미 우리는 순수의식에 머물고 있으므로 더 해야 할 일도 없고 더 얻어야 할 것도 없습니다. 깨달음조차 얻을 필요가 없습니다.

우리의 마음은 네 부분으로 이루어져 있다고 상상해 볼 수 있습니다. 그것은 미움, 집착, 무지 그리고 한마음입니다. 우리의 모든 경험은 직·간접적으로 그런 미움, 집착, 무지에 물들어 있습니다. 불교에서는 이를 '세 가지 독[삼독三毒]'이라고 합니다. 우리의 의식에서 세 가지 독을 제거하면 더 이상 미움, 집착, 무지, 생각, 관념의 투사, 습성 등이 없는 의식 상태가 됩니다. 이때 남아 있는 우리 마음의 근거가 곧 불성입니다. 우리는 그것을 가리켜 보일 수 있습니다.

스승들은 불성을 가리켜 보이기 위해서 우리의 마음에 충격을 주는 과격한 방법을 쓰기도 합니다. 즉 우리의 마음이 큰 충격을 받게 되면 개념이나 관념의 투사가 모두 사라지고 불현듯 이미 존재하고 있는 순수의식이 명백히 드러나는 것입니다. 문득 해탈을 잠시 맛본 후에는 우리는 거듭해서 해탈한 마음에 머물 수 있는 방향으로 수행하게 됩니다. 그러면 마침내 깨달은 의식이 면면히 흐르게 될 것입니다. 그것밖에는 더 해야 할 일이 없습니다. 심지어 망상에 빠지는 순간에도 우리는 아무것도 바꾸려 애쓰지 않고 오히려 그때를 이용해서 완전한 불성에 머무는 수행을 할 수 있습니다. 즉 우리가 망상에 빠지는 것을 인식함으로써 깨달음이 일어날 수 있는 것입니다.

스승들은 제자들이 바로 그 자리에서 즉시 깨달음에 이르도록 충격을 주는 과격한 방법을 사용하기도 했습니다. 우리가 준비되어 있을 때 그 방법은 순수의식을 언뜻 보는 걸 도와줄 수 있습니다. 순수의식은 늘 여기에 있으므로 우리는 그것에 주의를 집중하는 법만 알면 되기 때문입니다. 내면의 고요도 그와 같습니다. 우리는 어디에서 무엇을 하든 언제나 내면의 고요에 즉시 다가갈 수 있습니다. 아무리 시끄럽고 어수선한 곳에 있어도 우리가 주의를 집중하기만 하면 내면의 고요를 발견할 수 있습니다.

마찬가지로 주의를 집중하는 법을 알기만 하면 우리는 어떤 상황에서도 즉시 순수의식을 경험할 수 있습니다. 순수의식은 개념이나 신앙 체계로 인해 오염될 수 없습니다. 또 어떤 종교의 교리나 종파에 속하지도 않습니다. 순수의식은 더없이 평화롭고 통찰력이 있으므로 어떤 허상도 꿰뚫어 봅니다. 붓다는 호흡과 몸의 움직임에 주의를 집중함으로써 곧장 순수의식으로 들어가는 아주 간단한 수행법을 가르쳤습니다. 잠시 멈추어서 긴장을 풀고 있으면 한 생각이 일어났다 사라지고 다음 생각이 일어나기 전의 공백을 발견할 수 있습니다. 그리고 그 고요한 순간에 머물러 있으면 우리가 이제까지 찾아온 바로 그것을 발견할 수 있습니다. 그것이 해탈을 간절히 바라는 사람들이 맞이하는 열반입니다. 이때 우리가 진정한 깨달음에 이르렀다면 더 이상 아무것도 바라지 않을 것입니다. 그러면 마침내 우리는 인생이 매우 재미있을 수 있음을 알게 됩니다. 바른 생각을 가진 사람이라면 도무지 그런 깨달음에 저항할 수 없을 것입니다. 그러므로 어떤 이념이나 교리에도 집착하지 않고 단지 우리의 본래 신비적인 면에 내맡기는 것이 깨달음에 이르는 비결입니다.

지금 우리 안에 존재하고 있는 순수의식은
어떤 원인에 의해 생기는 결과가 아닙니다.
우리가 할 수 있는 일은 오직
순간마다 순수의식을 알아차리는
수행을 하는 것입니다.

알아차림의 기적

13

황홀한 자비심

황홀한
자비심

이 세상에는 자비심이 필요한 곳이 많습니다. 우리 삶의 모든 면에는 반드시 자비심이 있어야 하기 때문입니다. 자비심이 없다면 불행한 일이 너무 많이 일어날 것입니다. 자비심은 손상된 인간의 마음을 치유하는 보편적 원리이고 모든 분열을 통합하는 힘이기 때문입니다. 또한 우리의 따뜻한 마음인 자비심은 모든 생명들을 보호해 줍니다. 궁극적으로 자비심은 맨 처음 우리로 하여금 깨달음을 얻으려는 마음을 가지도록 자극합니다. 그런데 자비심을 일으키는 자극은 우리가 노력해서 생기는 게 아니라 인간이라면 누구나 본래 가지고 있는 것입니다. 우리는 태어날 때부터 자비심을 가지고 있습니다. 그리고 깨달음이 더욱 깊어질수록 우리에게서 더 많은 자비심이 막힘없이 흘러나오게 됩니다. 자비심은 물과 같이 부드럽고 다독여 줍니다. 또 자비심에는 우리의 의식을 활짝 꽃피우는 놀라운 능력이 있습니다. 그 결과 우리는 다른 이들과 깊은 관계를 맺을 수 있고, 마침내 우리가 남들과 분리되어 있다는 개념조차 희미해집니다.

자비심이 어떤 것인지 보여 주는 비유가 많이 있습니다. 그중 하나는 자녀들을 이해하고 받아들이는 어머니의 사랑입니다. 자녀가 아무리 잘못하고 부족하더라도 어머니는 그것을 모두 받아들입니다. 그와 마찬가지로 우리는 수행을 할 때 자기 자신에게 지나치게 비판적이거나 가혹하지 않고 자비로워지는 법을 배워야만 합니다.

일반적으로 수행하는 사람들은 자신을 매우 가혹하게 대하고 극단까지 몰아대는 경향이 있습니다. 우리의 자아는 이렇게 말합니다. "나는 모든 방법과 분석 체계와 수행을 시도해 봤어. 그런데도 아직 완전한 깨달음을 얻지 못했단 말이야. 그러니 수행에 대한 더 많은 정보와 수행법을 찾으러 가야겠어. 그리고 그것들이 '나'에게 효과가 있는지 알아볼 거야. 잘하면 '나'는 깨달음을 얻을 수 있고 더 신성해질 수 있어. 그럼 결국 '나'는 거의 성인이 될 수 있을 거야." 이때 '나'는 이런저런 수행법을 자신에게 시도해서 효과가 있는지 알아보는 실험동물이 되어 버립니다.

이와 같이 수행자들은 간혹 자신에게 여지없고 지나치게 가혹하기도 합니다. 그들은 아직 자비와 관용을 갖추지 못한 채 깨달음을 얻거나 새로운 사람으로 탈바꿈하려고 노력하고 있는 것입니다.

실험실에서 동물들에게 온갖 약물을 투입하고 그 효과를 조사하는 장면을 본 적이 있습니까? 과학자들이 그렇게 동물을 이용해서 실험하는 것과 마찬가지로 수행자들은 자기 자신을 이용하는 경향이 있습니다. 그들은 마음이 꼭 닫혀 있습니다. 그들이 몇 년씩 명상과 수행을 열심히 해도 아무런 변화도 일어나지 않는 원인들 중 하나가 바로 그것입니다. 그러다가 어느 날 그들은 어떤 수행법도 효과가 없다는 결론을 내리기도 합니다.

그때 우리는 그토록 간절히 깨달음이나 자유를 얻기 위해서 애를 쓰면서도 정작 우리의 인생을 누릴 수 있는 기회를 놓치고 있는 것입니다. 인생은 놀라움이 가득한 항해와 같고 그 자체로 매우 귀중합니다. 그리고 인생은 우리가 단지 그리워해야 하는 것이 아니라 모든 순간마다 받아들여야만 하는 것입니다. 우리는 사랑과 기쁨과 알아차림과 무한한 자유를 통해 인생을 받아들여야만 합니다. 그러므로 수행의 길을 갈 때 우리가 사용할 수 있는 최고의 비결은 자비심입니다. 여기서 말하는 자비심은 나 자신에 대한 자비심이고, 나의 슬픔과 망상까지도 자비롭게 대하는 것입니다.

우리는 자신의 내면을 살펴볼 때 신성함을 발견하기 어려운 경우도 있고 쉽게 발견하는 경우도 있습니다. 하지만 자기 자신 안에서 어떤 빛이나 존귀함, 신성함, 불성도 발견하지 못할 때가 많습니다. 찾을 수 있는 것이라고는 신경증이 쌓인 사람뿐입니다. 하지만 가장 중요한 것은 자신 안에서 무엇을 발견하든지 그것을 판단하지 말고 자비롭게 놓아두어야 한다는 것입니다. 그러면 설령 우리 안에 부정적인 것이 있더라도 그것은 알아차림을 통해 저절로 사라질 것입니다. 반면에 긍정적이고 선한 것은 알아차림을 통해 저절로 더 늘어날 것입니다.

우리의 내면으로 주의를 돌려서 살펴보면 거기에 누가 있습니까?

아마도 제일 처음 마주하게 되는 것은 순수 알아차림이나 무한한 사랑 혹은 우리의 참본성이 아닐 것입니다. 우리가 내면으로 주의를 돌릴 때 가장 먼저 만나는 것은 희망과 절망과 슬픔과 수많은 관념에 빠져서 자신에게 몹시 고착된 자아와 그것이 곧 자신이라고 믿고 있는 사람입니다. 그것은 우리가 기억할 수 있는 가장 먼 과거부터 있던 매우 오래된 자아입니다. 외부의 모든 것이 끊임없이 변하고 있지만 그 낡은 자아는 결코 사라지지 않았습니다.

우리의 몸은 변하고 있고 주위의 모든 것도 변하고 있지만 그 불쌍하고 낡은 자아는 결코 완전히 사라지지 않은 채 새로 생기는 슬픔뿐만 아니라 모든 오래 묵은 슬픔의 근거로서 작용합니다. 바로 그것이 우리가 부수고 초월하기를 원하는 '나'입니다. 붓다는 완전히 깨달았을 때 낡은 자아를 근본적으로 돌파했다고 말했습니다. 마침내 자아의 느낌이 멈추고 완전히 사라졌다는 의미입니다. 그런 좁은 자아의 느낌이 사라진 후에 우리가 발견하게 되는 것은 새로운 자아 혹은 더 높은 차원의 의식이 아닙니다. 우리는 언제나 우리 내면에 있는 우리의 참본성의 본래 근거를 발견하게 됩니다.

내면에 주의를 집중하면 우리의 낡은 자아를 볼 수 있지만, 우리는 그것을 어떻게 부술 수 있는지 모릅니다. 그래서 우리는 수행할 때도 낡은 자아와 함께합니다. 낡은 자아는 어디든 우리를 따라 다

님니다. 간혹 우리는 낡은 자아와 대화하기도 합니다. 자아는 우리에게 이렇게 말합니다. "이 가르침은 참 대단하지 않아? 이번 명상은 참 좋았어. 나한테 잘 맞는 것 같아. 그 명상을 하면서 참 행복해졌어. 네가 지금 배우고 있는 것들, 외부에서 배우고 있는 명상과 수행법들이 정말 나를 행복하게 해 준단 말이야." 그 후 낡은 자아는 어떤 수행법을 지루하게 느끼게 되면 이렇게 말합니다. "이런 구식 수행은 이제 지루해. 다른 곳에 가서 새 스승을 찾아 새로운 수행법을 배워야겠어." 낡은 자아는 오래전부터 결코 사그라지지 않은 채 우리 의식에 계속 남아 있습니다. 그리고 우리는 그 낡은 자아를 완전히 초월해야 한다는 것을 알고 있습니다. 그런데 문제는 낡은 자아를 뛰어넘을 수 있는 길이 무엇이냐는 것입니다. 우리에게 무엇이 부족해서 낡은 자아를 초월하지 못하는 것일까요?

우리가 수행할 때 부족한 것은 지성, 부지런함, 열의 등이 아닙니다. 우리에게 결여된 것은 진정한 자비심입니다. 자비심은 모든 것을 받아들입니다. 깨달음을 얻기 위해서 많은 사람들이 없애 버리려고 무진 애를 쓰는 불쌍하고 왜소한 자아까지도 포용합니다. 그런 자비심이 있는 사람은 자신의 슬픔을 받아들이고, 자신의 무지도 질책하지 않고, 아직 깨닫지 못한 다른 사람들도 사랑합니다. 그렇게 할 때 우리는 아기가 울거나 기저귀에 똥오줌을 싸도 정성껏 보살펴

주는 엄마나 아빠처럼 될 수 있습니다. 자상한 엄마와 아빠는 갓난아기를 판단하지 않고 그저 지극히 사랑하고 받아들일 뿐입니다. 우리도 그런 자비심과 자상함으로 혼란에 빠져 있는 자신의 자아를 돌볼 수 있을까요? 설령 자아가 무언가 잘못한다 해도 미워하지 않고 어떤 적대감도 느끼지 않을 수 있을까요?

우리가 미워할 것은 아무것도 없습니다. 사실 우리의 무지도 그저 미워만 할 게 아니라 상냥한 자비심으로 보살펴야 합니다. 간혹 수행자들은 많은 미움을 품고 있습니다. 그런데 그것은 여간해선 드러나지 않으며, 알아보기 어렵습니다. 왜냐하면 수행자들의 미움은 자신에 대한 적대감에서 비롯된 것이기 때문입니다. 그들이 싸우고 없애려 애쓰는 것은 외부가 아니라 자신의 내면에 있는 것입니다. 우리가 초월하기 원하는 망상이나 극복하려는 슬픔 혹은 완전히 없애 버리고 싶은 고통이 자기 자신 안에 있을 때, 그 망상과 슬픔과 고통을 악한 적처럼 대했던 경험이 있지 않습니까? 그때 우리는 수행을 하고 있음에도 불구하고 자신을 너무 가혹하게 대하는 것입니다. 온화함이라고는 찾아볼 수 없이 자신을 한계까지 몰아붙이는 것입니다. 하지만 우리는 자기 자신에게 친절해야만 합니다. 그러면 마침내 어떤 상황에서든 기쁨을 느낄 수 있습니다. 우리가 자유롭든 자유롭지 못하든 상관없습니다. 자신을 온화하게 대할 때 우리는 평안함, 온화함, 받아들임, 다정한 내맡김을 느낄 수 있습니다. 우리 의식에서 큰 깨달음이 춤추든 슬픔의 세계가 춤추든 상관없이, 우리가 자신에게 가혹하지 않기 때문에 우리의 내면에는 깊은 평안이 있습니다. 그때 우리는 부모들이 갓난아기를 보살피듯이 자기 자신을 대하는 것입니다.

몸이 아플 때 우리는 긴장을 풀고 쉽니다. 따뜻한 음식을 먹고 안정을 취합니다. 자신을 위해서 아름다운 기도를 하기도 합니다. "내가 치유되기를 빕니다. 내가 사랑 받기를 빕니다. 내가 기운을 회복하기를 바랍니다." 반대로 아픈 자신에게 "좀 아프다고 바보같이 이렇게 늘어져 있으면 되겠어? 일어나서 일하러 가야지. 청소할 것도 쌓였단 말이야."라고 말하는 사람은 없습니다. 이와 마찬가지로 설령 우리가 망상에 빠져 있다 해도 자신을 비판하거나 악한 적을 대하듯이 몰아붙이면 안 됩니다. 우리는 더없는 사랑과 자비심으로 슬픔과 망상의 세계에 매여 있는 낡은 자아를 보살펴야만 합니다. 왜냐하면 우리는 본래부터 더할 나위 없이 완전하고 근본적으로 고귀하며 깨날은 존재이기 때문입니다.

지금 이 순간 의식이 어떤 춤을 추고 있든 상관없습니다. 의식은 늘 춤추고 있습니다. 기쁨과 슬픔, 명확함과 혼란, 외로움과 성취감이 일어나는 가운데 의식은 끊임없이 춤추고 있습니다. 의식이 하는 일이 바로 그것입니다. 그런데 환상에 불과한 춤을 추고 있는 우리의 의식의 밑바탕에는 변함없고 파괴될 수 없는 우리의 근거가 있습니다. 그리고 물질에 매이지 않고 드러나지 않는 차원인 우리의 근거 안에서 우리는 이미 완전합니다. 물론 '완전하다'는 것은 여전히 개념적인 말이지만 여기서는 완전과 불완전의 구별을 넘어서 더없이 완전함을 의미합니다. 바로 그것이 우리 안에 있는 붓다입니다. 그러므로 우리의 의식이 지금이나 다음 순간 어떤 춤을 추든 상관없이 우리의 근거는 이미 완전하고 깨달았음을 알고 신뢰해야만 합니다. 우리가 자신을 잊을 만큼 완전히 자유로운 순간이 많이 있는가 하면, 갈피를 잡지 못하고 혼란스러운 순간도 많습니다. 하지만 혼란스럽고 헤맬 때조차 우리는 깊은 신뢰와 믿음으로 우리의 근거는 이미 깨달았음을 잊지 말아야 합니다.

우리의 근거에 대한 깊은 앎과 신뢰를 잊지 않는다면 크게 잘못될 일은 없습니다. 자비심과 지혜로 우리 자신을 돌볼 수 있다면 잘못될 수 있는 건 없습니다. 우리는 제 길을 찾지 못하고 혼란스러워하는 자아가 실은 깨달은 존재이고 변함없는 붓다임을 알아차릴 수 있습니다. 그때 우리는 안도감과 깊은 평화를 느낄 수 있으므로 더 이상 자신에게 가혹할 필요가 없습니다. 우리가 지금 이 순간 자유롭지 않아도 괜찮습니다. 아무것도 얻지 못해도 좋습니다. 최종 목적지에 도달하지 못해도 문제없습니다. 모든 것이 더할 나위 없이 괜찮으므로 우리는 바로 지금 마음속에 큰 포용력을 가질 수 있습니다.

또 우리가 주의를 세상으로 돌릴 때도 똑같이 말할 수 있습니다. 세상 사람들이 자유롭지 못하거나 깨닫지 못해도 괜찮습니다. 우리는 그런 사람들의 고통, 혼란, 슬픔을 모두 큰 포용력으로 받아들일 수 있습니다. 이와 반대로 간혹 자아는 세상일에 아주 조바심을 내고, 세상 사람들이 아직 깨닫지 못했다는 사실에 매우 화를 내기도 합니다. 그때 자아는 이렇게 말합니다. "저 사람들은 뭐가 문제지? 당신들 모두 깨달아야만 해. 지금보다 더 자비롭고 더 지혜로워져야만 한다구." 그리고 이어서 자신의 내면을 돌아보고 판단합니다. "나는 아직 깨닫지 못했어. 이건 진정한 내가 아니라고. 저것도 내가 아니야. 더 완전해지기 위해서 나를 더 몰아붙여야겠어."

이렇게 함으로써 결국 우리는 처음에 초월하기 원했던 이원성의 인식인 '나'라는 느낌을 오히려 더 강화하고 증가시키게 됩니다. 우리는 깨달음, 성장, 근본적 변화 등에 대해 생각하는 순간, 그 생각을 이용해서 수행에서 이루어야만 하는 성취라는 가상의 기준과 비교하여 현재 자신의 위치와 발전 정도를 판단하는 습성이 있습니다. 그때 우리는 늘 실망스러운 자신의 모습을 발견합니다. 그리고 그 실망이 너무 커서 결국 자신에게 도전하게 됩니다. 그 결과 우리는 자신에게 적대적이게 되고, 줄곧 자신을 비판하고, 끊임없이 온갖 이론과 수행법들을 시도하면서 한계까지 자신을 몰아붙입니다. 스스로에게 실망한 우리는 마치 실험동물인 양 자기 자신에게 불교나 힌두교 등의 온갖 수행법을 적용하기 시작합니다. 그러면 어느새 제 꼬리를 좇으며 맴도는 강아지처럼 수행 자체가 악순환이 되어 버립니다. 그러면 우리는 어디에도 이르지 못하고 영원히 제자리에서만 맴돌게 될 것입니다.

하지만 우리가 자신에게 온화한 마음을 일으킬 줄 알게 되면 성급히 깨달음을 얻으려 서두르지도 않고 자신에게 적의를 품지도 않을 것입니다. 우리는 자신을 깊이 신뢰할 줄 알게 됩니다. 또 우리의 근거가 본래 깨달았고, 이미 붓다이고, 우리에게 이미 황홀한 자비심이 있음을 알게 됩니다. 황홀한 자비심은 슬픔을 일으키지 않는 매우 낯선 자비심입니다. 그것은 모든 존재들이 이미 완전함을 알아 큰 기쁨을 주기 때문입니다. 우리는 본래부터 이미 붓다이지만, 우리가 일시적으로 이원성의 꿈에 빠져 있음을 자비심으로 바라봅니다. 하지만 이원성의 꿈은 언제까지나 계속되지는 않을 것입니다. 믿기 어려울지 모르지만, 온 우주는 많은 마술과 기적을 일으켜서 우리가 이원성의 꿈에서 깨어나도록 도울 것입니다. 모든 꿈은 끝나게 마련이니까요. 그것은 단지 시간문제일 뿐입니다.

우리가 수행할 때 부족한 것은
지성, 부지런함, 열의 등이 아닙니다.
우리에게 결여된 것은
진정한 자비심입니다.

알아차림의 기적

14

실제 삶으로 깨어나기

실제 삶으로 깨어나기

실제 삶으로
깨어나기

우리가 가장 간절히 바라는 것은 괴로움의 악순환을 멈추는 것입니다. 간단히 말해서 우리는 모든 괴로움이 멈추기를 바라고 괴로움에서 벗어나기를 바랍니다. 불교에서는 악순환이 거듭되는 인간의 괴로움을 끝내는 걸 매우 강조합니다. 그것은 정말 아름다운 바람입니다. 하지만 때때로 우리는 괴로움을 끝내려고 지나치게 애씁니다. 또 그 생각에 늘 사로잡혀 있습니다. 그래서 그 바람을 앞으로 십 년 혹은 이십 년 동안 계속 가지고 있을 수 있고, 그러면 괴로움을 끝내려고 애쓰는 것이 또 하나의 괴로움이 될 수 있습니다. 그것은 불면증과 비슷합니다. 불면증 자체보다 불면증을 걱정하는 것이 더 괴로울 수 있기 때문입니다. 두려워하는 대상보다 두려움 자체를 더 두려워하고 불안 자체를 불안해 하는 것과 같습니다.

괴로움에서 벗어나려는 바람이 유용하긴 하지만 그것이 괴로움의 악순환에 빠지지 않게 하려면 우리는 어떤 동기나 열망을 가져야 할까요? 가장 중요한 동기와 열망은 바로 보리심(bodhichitta)입니다. '보리(bodhi)' 혹은 '붓다(buddha)'는 '깨어난'이란 의미이고 '시타(chitta)'는 '마음'을 의미합니다. 따라서 보리심이란 '깨어나려는 바람이나 마음'을 말합니다. '깨어나다'란 말은 경전에 나오는 말 중에 가장 시적이고 아름다운 말입니다. 우리는 아침에 잠에서 깨어날 때 깨달음을 얻겠다는 마음을 일으킬 수 있을 것입니다.

아침 일찍 잠에서 깨어 기적 같은 이 세상과 관계를 맺기 시작하는 건 얼마나 아름다운 일입니까. 우리는 새들이 노래하는 소리를 듣고 꽃향기를 맡습니다. 푸른 하늘과 흰 구름이 함께 춤을 추고, 때론 먹구름도 춤을 춥니다. 아침의 그 완전한 순간에, 바로 그 순간에 밤새 우리를 괴롭혔던 악몽은 끝납니다. 우리가 깨어나는 순간은 그토록 아름답습니다. 그러므로 우리가 내면에서 깨어남을 이와 같은 이른 아침의 깨어남에 비유할 수 있을 것입니다. 그 후 삶이 시작되고, 그 삶에는 아름다운 모습과 향기가 가득할 것입니다.

우리는 깨어나기 위해서 무엇을 해야 합니까? 이것은 매우 중요한 물음입니다. 물론 깨어나기를 원하지 않는 사람들도 많습니다. 수행자들 중에도 깨어남을 바라지 않는 사람들이 많습니다. 불자들도 마찬가지입니다. 처음부터 그들은 깨어나기 위해서 수행의 길에 들어선 것이 아닙니다. 많은 수행자들은 진정으로 깨달음을 얻기 위해서가 아니라 단지 안전하다는 느낌이나 심리적 위로나 안전한 장소를 찾으려고 할 뿐입니다. 그런데 역설적으로 그런 마음은 아무것도 없는 데서 두려움과 괴로움을 지어냅니다. 또한 두려움과 괴로움에서 벗어나기 위해 거짓으로 안전한 곳과 위안거리를 만들어 냅니다. 마치 그것이 영원한 위안인 것처럼 말입니다. 그때 우리 마음은 컴퓨터게임을 하는 것과 유사합니다. 컴퓨터게임에서 우리는 온갖 강력한 무기로 적군과 전투를 벌일 수 있지만, 그것은 현실이 아니라 가상 세계일 뿐입니다. 마찬가지로 우리의 마음도 온갖 투쟁과 두려움, 외로움, 미움, 그리고 주체와 대상의 분리를 지어냅니다. 또한 안전한 곳과 위안거리도 지어냅니다. 결국 모든 사람들이 깨어나려고 노력하는 건 아닙니다. 만일 모든 사람들이 진정 깨달음을 얻으려 한다면 우리가 살고 있는 세상은 지금과 전혀 다른 모습일 것입니다.

그렇다면 우리는 무엇을 깨달아야 하는 걸까요? 이것도 매우 중요한 물음입니다. 물론 '무한한 공(空)'을 깨달아야 한다고 대답할 수 있습니다. 그 말은 참 멋있어 보이지만 도대체 무슨 의미일까요? 때때로 그런 말은 단지 그럴듯한 개념이나 관념에 지나지 않습니다. 과연 '무한'은 어디에 있을까요? 저 하늘에 떠 있는 구름 뒤에 있을지도 모릅니다. 그때 무한은 매우 아름다운 관념이 되고 아마도 영원한 자아와 관련될 것입니다. 하지만 붓다는 그런 생각이 잘못된 허상임을 깨달았습니다. 그래서 붓다가 가르침을 펼 때 가장 먼저 한 일은 바로 모든 허상을 부수는 것이었습니다. 붓다의 가르침은 주로 개인적·집단적 허상을 모두 초월하고 부수는 것이었습니다. 그래서 붓다는 '영원한 자아(atman)'라는 관념을 해체했습니다. 많은 사람들이 애타게 영원한 자아를 쫓아다녔고, 오늘날도 그런 사람들이 있습니다. 그러므로 무한이라는 관념은 신중하게 다루어야 합니다. 만일 우리가 그것을 신비화하고 외부로 투사하면 그것은 단지 또 하나의 개념적 현상에 불과하게 되기 때문입니다.

이제 다시 본래의 물음으로 돌아가서, 우리는 무엇을 깨달아야 하는 것입니까? 그 답은 삶입니다. 우리는 삶 자체를 깨달아야 합니다. 삶은 무한합니다. 삶은 곧 만물의 합일입니다. 삶은 공입니다. 삶은 무엇보다 놀라운 것입니다. 여기서 말하는 '삶'은 머릿속에만 있는 삶이 아닙니다. 우리의 머릿속에만 있는 삶이란 단지 이런저런 사연들이 모인 것일 뿐입니다. "내 삶은 굉장히 멋져."라고 말할 때, 그것은 언제나 우리의 생각 속에 있는 삶을 말하는 것입니다. 또 "내 삶은 엉망이야."라고 말할 때도 분명히 우리의 머릿속에만 있는 삶을 말하는 것입니다. 그런 삶이란 소설 속 등장인물이 살아가는 이야기를 읽는 것과 다름이 없습니다. 그것은 지어낸 이야기일 뿐이지 실상이 아닙니다. 그럼에도 불구하고 우리는 머릿속에만 있는 삶이 실제 삶이라고 믿으며 집착하고 있습니다. 하지만 그런 삶은 영화나 소설처럼 우리의 생각 속, 망상에 빠진 마음에서 일어나는 일에 지나지 않습니다.

우리가 깨달아야 하는 삶은 그렇게 머릿속의 이야기들로 이루어진 여느 삶이 아닙니다. 그것은 어떤 의미에서 매우 신비로운 삶입니다. 우리가 깨어나서 마주해야 하는 삶은 나의 삶도 아니고 너의 삶도 아닌 '전체'의 삶이기 때문입니다. 전체의 삶이란 아무것도 배제하지 않고 모든 것을 아우릅니다. 하늘의 구름이나 노래하는 새들, 우리가 쉬는 숨과 땅에서 기는 벌레, 풀잎에 맺힌 이슬이나 고속도로 위의 자동차들까지 모두 포함합니다. 또 우리가 느끼는 법열이나 아픈 관절, 또 우리가 헤매는 마음이 아닐 때 언뜻 만나고 목격할 수 있는 모든 것을 포함합니다. 그것이 바로 삶입니다. 삶은 정말 큽니다. 삶은 무한하고 한없습니다.

반면에 "내 인생은 너무 힘들어."라고 말할 때의 삶은 무한하지 못한 것입니다. 이때 '내 인생'이란 소설 속 등장인물의 이야기와 같습니다. 그래서 매우 협소하고 제한적입니다. 그렇게 생각이 지어낸 삶은 너무 좁아서 사랑과 기쁨이 있을 자리가 거의 없고 끊임없는 투쟁만이 가득합니다. 그런 '내 인생'은 허구일 뿐입니다. 그런 의미에서 명상이란 진정한 삶으로 깨어나는 것입니다. 인위적이거나 관념적인 삶이 아니라 신비적이고 동시에 마술적인 삶으로 깨어나는 것입니다. 진정한 삶의 경이는 말로 표현하기 어렵습니다. 우리는 그저 삶이 신비롭고 아름답다고 말할 수 있을 뿐입니다. 삶은 본래 경이로운 것입니다. 삶은 초월적 실상입니다. 왜냐하면 삶이란 있는 그대로 본래 경이롭고, 기적적이고, 성스럽다는 것을 이성적인 머리로는 이해할 수 없기 때문입니다. 하지만 그 삶은 바로 지금 일어나고 있습니다.

우리는 어디로 가고 있는 것일까요? 이것도 매우 중요한 물음입니다. 우리는 진이 빠질 정도로 애쓰면서 무언가를 성취하고, 얻고, 모으고, 정복하고, 파괴하거나 방어하면서 도대체 어디로 가고 있습니까? 마찬가지로 수행의 문제에서도 우리는 이런저런 사상 체계나 지식 체계 등을 찾아다니고 얻으려고 애쓰고 있습니다. 그런 가운데 우리는 실제로 어디로 가고 있습니까? 어떤 놀라운 운명을 향해 가고 있습니까? 지금 이미 일어나고 있는 실제 삶보다 훨씬 더 근사한 어떤 목적지로 가고 있는 것일까요?

붓다는 복잡하지 않은 단순한 명상을 가르쳐 주었습니다. 그것을 '바른 전념'이라고 합니다. 사실 불교의 명상은 모두 일종의 전념 즉 주의를 집중하는 행위입니다. 그런데 전념은 우리의 의식에 본래 있는 능력입니다. 우리의 의식에는 여러 가지 놀라운 재능이 있는데, 그중 최고의 재능이 바로 주의를 집중할 수 있는 능력입니다. 왜냐하면 주의 집중 명상은 깨달음을 얻는 가장 직접적인 길이기 때문입니다. 그래서 예로부터 모든 스승들이 전념을 가르쳤습니다.

붓다가 가르쳐 준 전념의 기술은 호흡을 세는 것처럼 어떤 대상에 주의를 집중하는 것입니다. 한편 틸로빠는 "마음으로 마음을 살펴보라. 그러면 바로 그 자리에서 윤회가 점점 줄어들 것이다."라고 말했습니다. 이렇게 마음으로 마음을 살펴보는 것도 전념입니다. 우리가 대상에 주의를 집중하면 그것이 아무리 사소한 것일지라도 무한한 것이 될 수 있습니다. 그 이유는 무언가가 우리의 전념을 붙잡기 때문입니다. 이는 물 한 방울이나 나뭇잎 위에 맺힌 이슬 하나를 포착한 아름다운 사진을 보는 것과 같습니다. 그런 미미한 현상을 찍어 확대한 사진을 볼 때 우리는 넋을 잃을 만큼 매력을 느끼는 경우가 참 많습니다. 그와 마찬가지로 우리가 평소에 무심히 지나치던 사소한 것일지라도 그것에 주의를 집중하면 우리의 생각이 멈추고 더없는 행복을 맛볼 수 있습니다. 그러므로 보리심, 곧 깨달음에 이르려는 마음으로 어떤 대상에든 주의를 집중하면 우리의 생각은 잠시 멈추게 됩니다.

생각, 윤회, 멈출 줄 모르는 망상의 쳇바퀴 등은 모두 외부가 아닌 우리 안에 있습니다. 바로 그것이 대승불교의 핵심 가르침입니다. 실제로 윤회란 우리 마음의 어떤 상태를 말하는 것입니다. 윤회 상태인 마음은 자신이 만든 이야기와 상상에 빠져서 끊임없이 맴돌고 있는 것입니다. 이와 같이 우리가 실재라고 여기는 것의 대부분은 우리의 마음이 지어내고 투사한 것입니다. 하지만 마음은 갈피를 잡지 못하고 자신이 지어낸 것이 실재라고 생각합니다. 또 마음은 이 세상에는 싸워서라도 반드시 고쳐야만 하는 문제가 있다고 생각하기 때문에 우리 마음속에 불필요한 고통을 초래합니다.

그런데 우리가 일상적 생각이 아닌 보리심으로 무언가에 주의를 집중하면 윤회의 마음이 멈춥니다. 우리가 윤회의 쳇바퀴를 돌리지 않기 때문입니다. 그렇게 윤회의 마음이 멈추면 이어서 모든 것이 멈춥니다. 모든 투쟁과 문제들도 멈춥니다. 게다가 '나'라는 자아의식까지도 멈춥니다. 그러면 갑자기 우리의 의식을 가리던 모든 베일이 벗겨져서 우리의 마음은 실제 삶의 경이로움을 명확히 볼 수 있게 됩니다. '실제 삶'이란 말은 불성이나 신성이란 말에 비해 그리 영적이거나 대단하지 못한 것으로 보입니다. 하지만 오직 실제 삶 속에서만 불교를 발견할 수 있습니다. 우리는 삶의 놀라움 속에서, 나무와 돌과 바위에서, 우리의 숨과 마음에서, 그리고 기쁨과 고통 속에서 불교를 발견할 수 있습니다. 반면에 관념이나 개념 속에서는 결코 불교를 찾을 수 없습니다. 또 책에서도 불교를 발견할 수 없습니다. 책에서 발견할 수 있는 건 단지 불교에 대한 관념에 불과합니다. 그러므로 개념 체계나 책에 푹 빠져서 헤매는 것은 식당에 가서 메뉴와 사랑에 빠져서 정작 음식은 주문하지 않고 맛보시도 못하는 것이나 마찬가지입니다. 그런데 이따금 우리는 실제로 그렇게 합니다. 또한 그 메뉴를 다 본 후에는 다른 메뉴를 달라고 합니다. 어떤 이들은 금, 터키옥, 산호로 아름답게 치장된 메뉴를 좋아하고 다른 사람들은 아주 자세한 설명이 있는 두꺼운 메뉴를 좋아합니다. 하지만 그때 우리는 수행이라는 음식을 먹어야 할 식당에서 신성한 메뉴에만 정신이 팔려서 진짜 음식은 주문하지도 않고 순수한 천상의 감로수도 결코 맛보지 못합니다. 우리의 갈증을 풀어 주고 늘 우리 마음에 있는 오랜 병을 치유해 주는 감로수는 진정한 길인 다르마(진리)의 다른 이름입니다.

때론 요점을 놓치기 매우 쉽지만 이제 우리는 그렇지 않습니다. 마침내 우리는 진리가 계시되는 순간을 맞을 수 있습니다. 이제 우리는 여기 아닌 다른 데로 가려는 생각이 잘못된 길로 가는 것임을 알 수 있습니다. 우리가 해탈과 깨달음을 구하려 아무리 애쓴다 해도, 지금 여기 아닌 다른 데서는 결코 그것을 찾을 수 없을 것입니다. 해탈과 깨달음은 다른 어느 곳도 아닌 바로 여기에 있기 때문입니다. 삶이 곧 깨달음입니다. 삶이 곧 성스러움입니다. 삶이 곧 공이고, 공이 곧 삶입니다. 마찬가지로 무한이 곧 유한이고, 유한이 곧 무한입니다. 드러난 것은 드러나지 않은 것 안에 있고, 드러나지 않은 것은 드러난 것 안에 있습니다. 이것이 큰 일치입니다.

이와 같이 깨달음을 얻으려는 보리심을 지니고 주의를 집중하면 마음이 멈춥니다. 이렇게 생각이 자연스럽게 멈추는 것은 무엇보다 놀라운 마술이며 기쁨입니다. 생각이 멈추면 고통과 다툼 등 모든 것이 저절로 멈추고 갑자기 안도감이 생기기 때문입니다. 그래서 불교에서는 깨달음을 '내적 안도감'이라고도 합니다. 부담을 내려놓는 것입니다. 사실 우리의 생각은 무거운 짐과 같은 부담입니다. 하지만 마음을 가리던 베일과 같은 생각이 없어지면 우리는 불현듯 실제 삶으로 깨어날 수 있습니다. 그러면 지금 이 순간을 넘어서 다른 곳으로 가려 하거나 다른 굉장한 것을 찾으려는 갈망과 집착도 모두 끝납니다. 이어서 더없는 기쁨과 사랑이 생깁니다. 그리고 우리의 내면에서 무언가가 활짝 펼쳐집니다.

갑자기 화산이 폭발하거나 마른땅에서 샘물이 솟는 것처럼 우리 내면에서 굉장한 것이 솟아납니다. 그것은 마르지 않는 샘물 같은 영적 보물입니다. 그것은 아무리 많이 나누어 주어도 결코 다 없어질 수 없습니다. 그것은 결코 바닥나지 않는 기쁨이며 한없는 사랑과 자비의 보물입니다. 그것은 슬픔과 혼란에 빠져 있는 모든 존재들을 향한 자비심입니다. 그 진정한 자비심은 애쓰지 않아도 자연스레 생겨납니다. 사랑과 자비가 자연스럽게 피어나기 때문에 달리 애쓸 필요가 없는 것입니다. 마침내 우리 내면의 붓다는 더 이상 관념이 아니라 우리 존재의 핵심인 살아 있는 현실이 됩니다. 그것은 삶자체와 분리된 것이 아닙니다.

그러므로 우리가 삶으로 온전히 깨어나면 우리 안에 잠재되어 있던 붓다가 명백히 드러납니다. 그것은 다른 모습의 자아나 더 높은 차원의 자아가 아니라 자발적으로 자연스럽게 흘러넘치는 사랑과 기쁨입니다. 그때 우리는 이런 말들이 단지 소문으로만 떠도는 신비스러운 이야기에 불과한 게 아님을 알게 됩니다. 또 추상적 개념이나 시대에 뒤떨어진 불교 사상도 아닙니다. 그것은 우리의 체험을 통해 실재가 되고, 그러면 우리는 그것이 시대를 초월한 진리임을 알게 됩니다. 이어서 우리는 개념적 사고를 벗어나 체험을 통한 이해를 바탕으로 매우 중요하고 시대를 초월한 지혜를 깨닫기 시작합니다. 그것은 바로 '모든 것이 성스럽다'는 것입니다. 그러므로 삶이 성스러워집니다. 그것은 나의 삶이나 너의 삶이 아닌, 우리가 바로 지금 직접 보고 있는 전체의 삶입니다. 모든 걸 하나하나 살펴보지 않고도 바로 지금 모든 것의 전체성을 직접 볼 수 있습니까? 푸른 하늘부터 땅의 티끌까지 모든 것에는 바로 지금 일어나고 있는 전체성이 있음을 인식할 수 있습니까? 그리고 그 전체성이 실제 만다라이고, 진정한 만다라이며, 성스러운 차원임을 알 수 있습니까?

마침내 그것을 깨달으면 놀라운 성취감과 기쁨을 느끼게 됩니다. 우리는 더 이상 "이 성스러운 차원이 좋아. 이 전체성이 마음에 들어. 하지만 다른 걸 원해."라고 말하지 않습니다. 또는 그 성스러운 차원이 매우 아름답지만 문제가 좀 있어서 고쳐야 한다고 생각하지도 않습니다. 우리의 성스러운 차원, 본질적인 만물의 전체성은 있는 그대로 본래부터 완전하고 무한하기 때문입니다. 그 성스러운 차원의 만다라에서 자아와 타자가 분리되어 있다는 거짓말을 할 수 있을까요? 우리가 사랑해서는 안 되는 사람이 있을까요? 우리가 미워해야만 하는 사람이 있을까요? 우리가 몰아내야만 하는 사람이 있을까요? 그러므로 우리는 실제 삶이 곧 모든 것임을 알기 시작합니다. 그리고 우리는 진심으로 귀의하게 됩니다.

진정으로 귀의하는 이는 실제 삶, 진정한 삶을 숭배하는 사람입니다. 그는 만물의 성스러움에 귀의합니다. 만일 여러분이 이미 그렇게 귀의하고 있다면, 이런 설명은 전혀 필요 없습니다. 하지만 여러분이 아직 진심으로 귀의하지 못하고 있다고 생각할지라도, 적어도 자신의 마음이 그런 순수한 상태라고 상상하거나 그런 척이라도 할 수 있습니까? 그럼으로써 여기 아닌 다른 곳으로 가려 하거나 이것저것을 찾으려는 노력과 투쟁이 끝날 때 그것이 얼마나 놀라울지 알 수 있습니까? 그때는 모든 전략을 동원해서 자아의 환상 같은 것을 움켜쥐고 놓치지 않으려 애쓰던 게 다 끝나고, 우리는 어디에서나 무한을 볼 수 있습니다. 일단 만물에 깃든 성스러움이라는 진리를 알게 되면, 우리는 그것을 어디서나 보게 됩니다. 땅바닥의 티끌,

돌, 모래, 우리의 숨, 자신의 몸과 남들의 몸, 짐승, 풀, 구름, 우주 등 모든 것에서 진리를 볼 수 있습니다. 아무리 하찮은 것에서도 성스러움을 볼 수 있는 것입니다. 그 순간 괴로움은 더 이상 계속될 수 없습니다. 슬픔도 계속될 수 없습니다. 또 여기 아닌 다른 곳으로 가려하거나 무질서를 타파하려고 녹초가 될 때까지 애쓰는 것도 계속될 수 없습니다. 마침내 그런 수고들이 모두 끝나는 것입니다.

바로 지금 이 순간 우리는 진정한 삶으로 깨어날 수 있습니까? 진정한 삶을 사랑할 수 있습니까? 진정한 삶이 곧 무한이고, 하느님이고, 우리가 이제까지 찾고 있던 것임을 알 수 있습니까? 그리고 우리가 이미 하느님이나 브라흐마 혹은 공(空)과 합일된 존재임을 깨닫고 조건 없는 기쁨 속에서 살 수 있습니까? 그것이 진정한 삶입니다. 우리가 진정한 삶으로 깨어나는 순간 개념적인 삶, 마음이 만들어 낸 삶은 곧 사라져 버립니다. 그러면 우리의 모든 문제들도 사라집니다. 이것을 믿을 수 있습니까? 그러면 모든 고통, 불평, 푸념이 끝납니다.

귀의는 지금 이 순간에
내맡기는 것입니다

귀의는
지금 이 순간에
내맡기는
것입니다

불교의 핵심은 깨달음을 통해 삶을 이해하는 것입니다. 따라서 불교와 삶은 서로 떼어 놓을 수 없는 관계입니다. 삶의 의미에 대한 많은 이론들이 있습니다. 어떤 이들은 삶이란 헛되고 아무 의미도 없다고 생각합니다. 결국 그들은 매우 불행하게 되고 항상 무언가와 다투며 별다른 어려움이 없을 때조차 자기 자신과 갈등을 겪기도 합니다. 삶이란 스스로 전개되는 신비로운 흐름 혹은 힘입니다. 삶에서 우리 마음대로 할 수 있는 건 거의 없습니다. 심지어 우리가 일어나기를 바라는 일은 일어나지 않고 일어나지 않기를 바라는 일은 반드시 일어나기도 합니다. 그래서 간혹 우리가 바라는 일이 일어날 때면 우리는 잠시나마 행복을 느끼게 됩니다. 하지만 인생에서 우리가 원하는 대로 할 수 있는 일은 거의 없습니다. 삶은 우리가 원하는 대로 운전할 수 있는 자동차도 아니고 조각가가 마음먹은 대로 형상을 빚을 수 있는 점토 같은 것도 아닙니다.

계곡에서 급류 타기를 하는 사람들이 있습니다. 그들은 참 즐거워하지만 그들이 타고 있는 고무보트를 마음대로 조종하지는 못합니다. 그들이 급류 타기를 즐길 수 있는 까닭은 강물의 자연스러운 흐름에 내맡긴 채 떠내려가고 있기 때문일 것입니다. 만일 그들이 강물의 흐름을 거슬러 맞서려 한다면 어떻게 되겠습니까. 그 순간 급류 타기는 너무 힘든 일이 되고 전혀 즐겁지 않을 것입니다. 그뿐 아니라 그들은 좌절하게 되고 그때마다 깊은 절망에 빠질 것입니다. 그런 의미에서 불교는 실제로 삶이라는 강물의 흐름을 따라 급류 타기를 하는 것과 같습니다. 즉 전적으로 삶에 모든 것을 내맡기는 것입니다.

깨달은 사람이라면 어떤 태도로 삶을 대해야 할까요? 만일 삶을 부정하고 단지 내세에서 더 나은 존재가 되어야 한다고 가르치는 수행이 있다면 그것은 옳지 못한 것입니다. 그와 달리 불교를 비롯한 많은 전통에서는 삶이 성스럽다고 가르칩니다. 우리는 삶을 거부하면 안 됩니다. 우리는 삶을 포용해야만 합니다. 왜냐하면 삶에서 동떨어진 진리나 실상, 합일 등은 결코 있을 수 없기 때문입니다. 어떤 사람들은 어떤 진리나 신이 실제 삶보다 더 성스럽고 신성하며 더 초월적이라고 생각하고, 그것을 숭배하기도 합니다. 사실 그들은 단지 진리에 대한 관념이나 개념을 숭배하는 것입니다. 하지만 관념이나 개념에는 실상이 담겨 있지 않습니다. 그러던 어느 날 문득 깨달음을 얻으면 그동안 숭배해 온 것이 허구나 환상 그리고 신화에 불과하다는 것을 알게 됩니다. 지금까지 시간을 낭비했고 잘못된 길을 걸어왔음을 알게 되는 것입니다. 게다가 실제로 삶이 모든 것이라는 매우 놀랍고도 근본적인 깨달음에 이르게 됩니다. 그러므로 삶 자체를 뛰어넘는 위대한 진리는 없습니다. 삶이 곧 신(神)입니다. 삶이 곧 공이자 일체성인 것입니다.

　물론 우리는 경전들을 소중히 여길 수 있습니다. 불자들은 경전을 통해서 공(空)에 대해서 배웁니다. 그런데 경전에 나오는 성스러운 사상만을 숭배하게 되면, 그것에 비해 실제 삶은 하찮고 깨달음과는 전혀 상관없다고 생각하게 될 위험이 있습니다. 경전에 나오는 귀중한 사상들만 성스럽다고 여길 수 있는 것입니다. 그 사상들이 우리의 의식으로는 알 수 없을 만큼 심오하고 실제 삶에서는 전혀 접할 수 없는 실상을 알려준다고 믿기도 합니다. 하지만 언젠가 우리는 그런 식으로 우리가 열망하는 모든 것, 숭배해 온 모든 것이 허상일 뿐임을 깨닫게 될 것입니다.

　11세기의 티베트 스승 돔뙨빠(Dromtonpa, 1005-1064)는 어느 날 한 승려를 만났습니다. 그는 경전을 암송하고 사원 둘레를 도는 등 여러 가지 수행을 하고 있었습니다. 하지만 돔뙨빠 스승은 그에게 "당신은 진정한 수행을 하고 있는 게 아니오."라고 말했습니다. 그 말을 듣고 매우 당황한 그 승려가 물었습니다. "그렇다면 진정한 수행이 무엇인지 알려 주십시오." 그러자 스승이 대답했습니다. "삶을 놓아 버리시오." 이 말은 마치 실제 삶을 거부해야만 한다는 것처럼 들립니다. 하지만 사실은 삶을 거부하지 말라는 의미입니다. 다시 말해서 삶에 대해 우리가 머릿속으로 생각하는 모든 것을 놓아 버리라는 것입니다. 우리는 삶에 대한 이런저런 생각으로 인해 삶을 있는 그 대로 보지 못합니다. 삶에 대한 온갖 생각들이 실제 삶을 온전히 경험하는 걸 방해합니다. 우리는 생각에 얽매여 있기 때문에 삶 자체와 직접 성스러운 접촉을 할 수 없는 것입니다. 예를 들어 평소 우리가 어떤 사람에 대해 선입견을 가지고 있다면, 우리는 그 사람을 진정으로 만날 수 없습니다. 그의 참모습을 대하는 것이 아니라 우리의 머릿속에서 지어낸 그 사람에 대한 생각을 만나게 되기 때문입니다. 우리가 지어낸 관념을 만나는 것입니다. 대부분의 경우 그런 관념 때문에 우리는 아무도 진정으로 만나지 못합니다. 그래서 겉으로는 여러 사람을 만나고 있는 것처럼 보이지만 실제로는 그들의 참모습을 만나지 못하고 있기 때문에 우리는 매우 외로움을 느끼고 때론 무엇이 진짜인지 갈피를 잡지 못합니다. 그러므로 참된 삶을 체험하기 위해서는 우리의 관념과 개념을 넘어서야만 합니다. 하지만 많은 사람들은 자신의 생각과 망상, 관념의 투사 속에서 살고 있기 때문에 삶이 무엇인지 결코 알지 못합니다.

삶은 더없이 귀중하고 고귀합니다. 삶이 곧 진리이자 일체성인 것입니다. 하지만 우리는 아직 그 사실을 알 준비가 되어 있지 못하기 때문에 약간 헤매야만 합니다. 의도적으로 헤매야 하는 것입니다. 이렇게 우리가 의도적으로 헤매야 하는 영역을 영적 수행이라고 합니다. 그때 우리는 어떤 환상적인 곳을 향한 신성한 여행을 시작했다고 생각해야만 합니다. 그것은 삶과 상관없는 열반과 위대한 진리를 향한 여행이라고 여겨집니다. 그 여행은 몇 달이고 몇 년이고 계속될 수도 있습니다. 그러던 어느 날 운이 좋으면 우리가 찾아 헤매던 것이 외부에 있지 않다는 사실을 깨달을 수 있습니다. '외부'는 없기 때문입니다. 삶이 곧 열반이며 바로 여기가 열반입니다. 그 사실을 깨달을 때 수행에서 큰 전환이 이루어집니다. 언젠가 우리는 그런 큰 전환을 해야만 하고, 외부에서 진리를 찾아다니는 여행으로는 아무 데도 이를 수 없음을 깨달아야만 합니다. 하지만 동시에 그 여행에 대해 감사해야만 합니다. 왜냐하면 우리가 그 여행을 하면서 헤매지 않았다면 이미 모든 것이 여기에 있다는 사실을 깨닫지 못했을 것이기 때문입니다.

불교의 스승 아상가는 "스승은 귀의를 통해 진리를 발견한다."고 말했습니다. 귀의는 수행에서 매우 중요한 역할을 합니다. 힌두들은 그것을 '박티 요가(bhakti yoga)'라고 합니다. 인도와 티베트의 많은 성인들이 그런 귀의의 길을 가르쳤습니다. 귀의는 깨달음에 이를 수 있는 가장 효과적인 길입니다. 그것은 개념적 사고를 떠난 것이므로 해탈에 이르는 지름길입니다. 귀의는 관념이나 개념적 분석과 전혀 상관없는 직접적 체험입니다. 귀의는 신성과 합일되고 우리의 참본성과 합일되는 생생한 체험입니다. 귀의란 무아에 대한 관념이나 개념을 얻는 게 아닙니다. 자아라는 허상이 사라지는 체험인 것입니다. 무아에 대해 경전을 읽고 생각하고 토론할 때 대개 우리는 관념에 빠져 있습니다. 그건 훌륭한 관념이지만 그래도 관념일 뿐입니다. 관념은 매우 제한적입니다. 관념에는 사랑과 겸손, 선함, 그리고 진정한 내맡김이 없기 때문입니다. 관념이란 단지 생각이 만들어 낸 것이고 어떻게 생각하느냐의 문제일 뿐입니다. 우리는 관념만으로는 어디에도 갈 수 없습니다. 그러므로 언젠가는 모든 관념을 뛰어넘어야만 합니다. 그렇지 않으면 관념이 진리를 가리고 있기 때문에 우리는 진리를 명확히 볼 수 없을 것입니다.

귀의는 특정한 신앙과는 상관없는 체험입니다. 귀의란 자아라는 허상이 녹아서 삶 자체의 신성함 속으로 사라지는 걸 바로 지금 체험하는 것입니다. 실제로 귀의는 내맡기는 것입니다. 그리고 진정한 귀의는 그 대상이 없습니다. 도대체 귀의할 대상이 없는 귀의가 가능할까요?

'대상 없는 귀의' 속에서는 우리와 분리된 대상이라곤 찾아볼 수 없습니다. 그러므로 진정한 귀의에는 우리와 상관없이 삶에서 동떨어진 진리나 성스러움이 없습니다. 진리와 성스러움은 하늘의 신비로운 별들처럼 외부에 있는 게 아니기 때문입니다. 그러므로 대상

없는 귀의가 의미하는 바는 우리는 삶과 분리되어 있는 것을 숭배할 수 없고, 삶과 분리된 것에 우리를 내맡길 수도 없다는 것입니다. 우리와 분리되어 있는 건 아무것도 없습니다. 그것을 이해하는 것이 가장 깊은 깨달음입니다. 그것을 '성스러운 인식'이라고 합니다. 성스러운 인식이란 모든 인식을 초월하는 것입니다. 사실 그것은 기존의 모든 인식을 깨뜨리는 것입니다. 왜냐하면 일상적 인식은 우리의 자아와 이원성과 무지에 얽매이고 물들어 있기 때문입니다. 반면에 성스러운 인식은 만물의 참본성, 실상과 삶 자체의 참본성을 있는 그대로 볼 수 있습니다.

우리는 삶에 대한 귀의를 어떻게 수행할 수 있을까요? 삶에 귀의하려면 삶에 완전히 내맡기고, 두려움은 물론 희망도 갖지 않으며, 뭔가를 싫어하는 것과 좋아하는 것조차 중단해야 합니다. 즉 삶을 우리 마음대로 하려 하지 않고 오히려 삶이 우리의 주인이 되게 하는 것입니다. 우리가 원하는 대로 삶을 바꾸려는 욕구를 다 버리고 삶에 완전히 내맡겨서 삶이 우리를 이끌도록 하는 것입니다. 그때 더 이상 '나'의 삶이나 '너'의 삶이란 없습니다. 오직 '삶'이 있을 뿐입니다. 삶을 오직 '삶'이라고 보는 것과 '나의 삶'이라고 여기는 것은 근본적으로 다릅니다. '나의 삶'이라는 생각을 하게 되면 삶을 마음대로 하고 싶은 욕구가 생기기 때문입니다. "나의 삶에서 이 일이 일어낯어. 저건 일어나지 않았지.", "내 삶에서 이건 꼭 일어나야만 해. 하지만 저건 일어나선 안 돼." 이것은 내맡김이 아닙니다. 모든 것과 싸우는 자아가 있을 뿐입니다. 그때 우리 내면에서는 끊임없이 투쟁이 벌어집니다. 우리는 늘 삶을 정복하고 마음대로 하려고 애쓰는 것입니다. 그 결과 우리는 희망과 두려움, 기대의 감옥에 꼼짝없이 갇혀 버립니다.

우리가 꼭 필요하지도 않은 괴로움을 그렇게 많이 겪는 이유는 단지 '나의 삶'이 있다고 믿기 때문입니다. 우리는 나의 삶이라는 망상에 빠져 있기 때문에 몹시 욕심을 부리고 인색하고 자아를 과잉보호하게 되는 것입니다. 나의 삶을 지키고 안전을 구하려 하기 때문에 현실의 많은 부분이 나의 삶을 직접 위협한다고 여기게 됩니다. 그래서 주위 사람들이나 처한 상황 등 모든 현실을 두려워하고 심지어 피해망상까지 느끼기도 합니다. 또 죽음에 의해 나의 삶이 끝난다고 생각하기 때문에 죽음을 두려워하게 됩니다. 그러므로 진정한 귀의란 곧 삶에 귀의하는 것입니다. 신에 대한 관념이 아니라 삶 자체에 귀의하는 것입니다. 삶에 귀의할 때 '너의 삶'이나 '나의 삶'이라는 구분은 사라집니다. 오직 '삶'이 있을 뿐입니다.

그것은 우리가 바다를 접할 때 느끼는 바와 같습니다. 바다를 바라보면서 '나의 바다'라는 생각을 하는 사람이 있을까요? 나의 바다도 없고 너의 바다도 없습니다. 그저 바다가 있을 뿐입니다. 만약 그것이 나의 바다라면 마음껏 즐기지 못할 것입니다. 나의 해변에서 즐기고 있는 다른 사람들을 쫓아내고 싶어질지도 모릅니다. "나의 해변에서 놀려면 비용을 내세요. 돈을 내지 않으려면 모두 여길 떠나세요." 이처럼 '나의' 것이라는 관념은 즉시 우리의 의식을 위축시키기 때문에 매우 파괴적인 것입니다. 하지만 나의 바다라는 건 없기 때문에 바다와 만나는 경험은 우리의 주의를 자아에서 벗어나게 하는 데 도움을 줍니다. 아마도 그렇기 때문에 우리가 해변을 걷고 바닷물로 걸어 들어갈 때 큰 기쁨과 가슴이 탁 트이는 광활함을 느끼게 되는 것입니다. 그것은 매우 종교적인 체험이며, 그때 우리는 초월적인 존재입니다. 나의 바다가 없듯이 나의 하늘도 없고 나의 우주도 없습니다. 오로지 바다가 있을 뿐인 것처럼 오직 하늘이 있고 오직 우주가 있을 뿐입니다. 마찬가지로 오직 삶이 있을 뿐입니다. 그리고 삶은 이미 일어나고 있습니다.

그럼 어떻게 해야 삶을 발견할 수 있습니까? 그건 아주 간단합니다. 정말 간단합니다. 붓다는 다음과 같이 그의 모든 가르침들을 집약한 가르침을 주었습니다. "과거는 이미 지나갔으므로 과거에 살지 말라. 우리가 기대하는 미래는 아직 오지 않았으므로 미래에도 살지 말라. 완전한 알아차림과 통찰에 의해 바로 지금 이 순간 일어나고 있는 것을 온전히 알아차려야 한다. 현재에 머물러라. 이것이 공(空), 고귀한 진리, 만물의 합일과 다름없는 삶을 발견하는 바른길이다." 붓다의 가르침처럼 우리는 현재에 머물 수 있습니까? 단지 지금 이 순간에 머물러서 들숨과 날숨의 강에 뛰어들고 지저귀는 새소리를 들을 수 있습니까? 우리의 마음속에서 일어나는 고귀한 춤과 박동을 느끼면서 현재에 머물 수 있습니까? 모든 주의와 힘과 마음을 그 박동에 맞추어 실상과 삶 자체를 발견할 수 있습니까? 그것은 관념과 선입견, 생각의 투사에서 벗어난 삶이며 가로막는 게 아무것도 없는 삶입니다. 그것은 영원한 붓다를 만나는 것과 같을 것입니다. 그때 우리가 삶에 대해 말할 수 있는 것은 단지 삶은 지금 이 순간 일어나고 있다는 것뿐입니다. 삶은 들숨과 날숨, 한 생각과 다음 생각 사이의 공간, 우리 몸으로 느껴지는 감각 등에서 바로 지금 일어나고 있습니다.

우리는 지금 이 순간을 따를 수 있습니까? 바로 지금 일어나고 있는 삶에 모든 것을 내맡길 수 있습니까? 지금 즉시 마음을 활짝 열고, 기다리거나 미루지 않고 즉시, 삶이란 이러저러해야 한다는 관념을 모두 내려놓을 수 있습니까? '나의 삶'이라는 개념을 모두 내려놓고, 우리 뜻대로 할 수 없는 신비로운 흐름이자 힘이고 존재인 삶이 진정 고귀한 것임을 전적으로 신뢰할 수 있습니까? 그 순간 나의 삶도 너의 삶도 모두 사라집니다. 우리와 우리 아닌 것들이 더 이상 분리 되어 있지 않습니다. 더 이상 경계도 제한도 없습니다. 오로지 사랑 만이 있습니다. 기쁨만이 있습니다. 이것이 진정한 '성스러운 관점' 입니다.

어느 목사 한 분은 하느님의 목소리를 들으려고 이따금 숲속으로 들어간다고 합니다. 아마도 그분이 말하는 하느님의 목소리는 삶의 목소리일 것입니다. 삶은 늘 우리에게 말하고 있지만, 우리는 좀처 럼 그것을 듣지 못합니다. 삶은 항상 조건 없는 사랑과 영원한 자유 의 축제로 우리를 초대하고 있습니다. 삶은 언제나 우리더러 두려움 과 미움을 놓아 버리고 삶 속으로 녹아들어 가라고 합니다. 그때 삶 은 성스럽습니다. 실제로 삶은 모든 것입니다. 이 사실은 매우 단순 하지만, 좀처럼 이해하기 어렵습니다. 아마도 그렇기 때문에 우리는 당분간 수행에 빠져 헤매야만 하는 것인지도 모릅니다. 그러므로 당 분간 수행하면서 헤매기를 계속합시다. 그게 아니라면 지금 당장 헤 매기를 중단하고 완전히 자유로워질 수도 있습니다. 그 선택은 바로 우리 자신에게 달려 있는 것입니다.

The Magic of Awareness

알아차림의 기적
지극히 평범한 순간의 깨달음

초판 1쇄 발행   2014년 1월 22일
개정판 1쇄 발행 2024년 12월 27일

지은이   아남 툽텐
옮긴이   이창엽

펴낸이   오세룡
편집   여수령 정연주 손미숙 박성화 윤예지
기획   곽은영 최윤정
디자인   최지혜 고혜정 김효선
홍보·마케팅 정성진

펴낸곳   담앤북스
주소   서울시 종로구 새문안로3길 23 경희궁의 아침 4단지 805호
전화   02-765-1250(편집부) 02-765-1251(영업부)
전송   02-764-1251
전자우편 dhamenbooks@naver.com

출판등록 제300-2011-115호
ISBN 979-11-6201-518-6 (03220)

값 17,000원